갈기 자른 사자

문수이야기

갈기 자른 사자

문수이야기

태학원

이야기를 시작하며

2016년 여름, 소위 백수(白手)와 백성(百姓)으로 우연히 만났습니다.
아마 20대 총선에서 낙선 한 직후라 그런지 우스개 소리로 "백수(白手) 김문수입니다." 라고 소개해서 "그럼 저는 백성(百姓)입니다." 라고 응수했는데 첫 인상이 순수하고 해맑은 미소를 가진 몸과 마음이 다 건강해 보이는 분이셨습니다.

그래도 그는 3선 의원을 지냈고, 8년 경기도 재선 도지사 그리고 대선 후보로도 거론되는 거물 정치인이라 어렵고 조심스러웠지만 차를 나누며 대화를 이어가다 보니 대한민국에 이렇게 소박하고 투명하고 온유한 성품을 가진 정치인도 있구나 하고 의아했습니다.

이후 백수(白手)와 백성(百姓)은 짬짬이 창덕궁 근처에서 만나 대화를 이어갔는데 본인께서는 낙선 후 본인의 생각을 정리하고 계신 듯 하였고, 나는 듣고 배우는 재미가 상당하였습니다.
가끔 안국동 뒷골목에서 된장찌개에 생선 한 토막, 백반으로 행복해하던 소박한 식사가 참 좋았는데 그 분의 식성은 김치찌개 보다 된장찌개를 선호하고, 언제나 짬뽕보단 자장면을 선택하였습니다. 그리고 술을 멀리 하고, 커피도 즐기는 편은 아니었습니다.

하지만 소박함에 어우러진 김문수님의 정치, 경제 그리고 안보 분야의 비범함은 흥미진진하고 유익했으며 특히 정책을 설명하면 숫자에 밝고 디테일이 강한 면모가 정치인보다 전문 행정가로 보였습니다.
그리고 김문수의 나라사랑과 국민을 위하는 마음은 천성(天性)의 진심이었습니다.

대구에서의 낙선을 "전화위복(轉禍爲福)" 운운하며 위로하지만 현실은 냉혹하여 그의 행보는 즉시 언론에서 사라졌고, 그의 주장은 허공의 메아리가 되었습니다. 그러니

저 같은 백성과 차 한잔 나누는 시간이 생긴 것이겠지요.

하지만 여유로울 것 같던 시간은 최순실게이트라는 기이한 난리가 일어나고, 대통령 탄핵이라는 거대한 스나미가 정국을 강타하며 대한민국은 혼돈 속으로 빨려 들어갔습니다.
시민들은 태극기와 촛불로 대변(代辯)되어 나누어지고, 대통령은 탄핵되었으며, 조기 총선으로 정권이 교체되었고, 적폐청산이란 미명(美名)에 보수세력은 괴멸(壞滅) 되고 있습니다.

'난세(亂世)에 영웅(英雄)'이 난다고 하던데 나라를 구할 영웅 중의 한 분이 혹시 김문수는 아닐까?
낙선 한 정치인으로 만나 혼란한 정국을 지나오면서 지켜본 나의 생각이다.

마흔 살이 되기까지 한 시대의 대표적인 노동투사요 민주투사로 고문도 당하고 옥고도 치르고 했으나 따뜻하고 온유한 성품이 여전하고, 3선의 국회의원을 역임하고 재선 도지사를 지낸 정치인이 이렇게 소박하고 정직하고 겸손할 수 있을까? 나만의 생각은 아니었나 보다.
자유한국당 홍준표대표는 서울시장후보 추대사에서 "김문수후보는 영혼이 맑은 남자"라고 소개하였다.

한국 정치계에서 좋은 성품과 훌륭한 인품이 장점인지 의구심이 들지만 그래도 지도자의 가장 중요한 덕목이라고 믿고 김문수님의 어제와 오늘 그리고 그의 리더십을 세상에 알리고 싶어 일인칭, 본인의 시선으로 대구 낙선(落選)에서 시작하여 보수의 위기로 마무리하는 과정을 '문수 이야기'로 썼습니다.

그러나 예상 하지 못했던 긴급한 소식을 접했습니다.
탄핵정국 이후, 저항다운 저항도 한번 못하고 지리멸렬(支離滅裂)하던 보수진영에서 김문수 전 경기지사를 자유한국당 서울시장 후보로 추대했다는 소식이었습니다.

이에 급히 찾아 뵙고 서울시장후보를 수락하는 급박한 정국에 대하여 의견을 들었습니다.

그리고 이에 관한 흥미로운 이야기를 책 후반부 "이어지는 문수 이야기"로 추가하였습니다.

부디 '문수 이야기'가
자유한국당 서울시장후보 김문수의 능력과 인간 김문수의 진실함을 알리는데 도움이 되길 기대합니다.

2018년 4월

정 홍 국

차 례

5 / 이야기를 시작하며

17 / 문수이야기

29 / 낙선의 아픔은 '고향의 선물'이었다

37 / 많은 것을 가진 나라, 길을 잃은 대한민국

45 / 정직한 나라

53 / 병역의 의무를 하지 못했다

65 / 우리나라 대한민국

85 / 나의 사랑, 나의 아내

103 / 다 좋은데… 후덕해 보이지 않는다?

119 / 119 도지사 김문수입니다

129 / 청춘에게 / 젊은이에게

145 / 청년의 애국(愛國)

155 / 강한 나라, 부자 국민

171 / 새로운 길을 찾다

187 / 진정한 보수의 길을 가다

문수이야기

차 례

이어지는 문수이야기

199 / 태극기와 촛불

213 / 대한민국 대통령들

223 / 서울시장에 출마하다

문수 이야기

실패했다!

설마 하였는데 ……. 현실이다.

그것도 큰 표 차의 낙선이다.

경상북도 영천에서 태어나 대구에서 중, 고등학교를 마치고 혼란의 시대에 서울로 유학하면서 노동운동과 민주화 운동으로 두 번의 옥고를 치렀다.

고뇌의 시간을 거쳐 재야의 옷을 벗고 YS 문민정부 때 제도권으로 들어와 경기도 부천시 소사구에서 15, 16, 17대 국회의원과 재선 경기도지사 8년 임기를 마치고 고향과도 같은 대구시 수성 갑에서 20대 총선에 출마하였으나 낙선하였다.

돌아보니 입시에서 떨어진 적도 없었고, 택시 운전 면허증을 포함하여 아홉 개의 자격증을 취득하면서 자격시험에도 한번 떨어진 적이 없었다.

큰 충격이다!
스스로 위축되고 어찌할 바를 모르겠다.

나의 첫 지역구는 연고가 없는 경기도 부천시 소사구로

야당의 전통 강세지역이었다. 더구나 선거 상대는 DJ의 사람, 박지원 후보로 현역 국회의원이고 DJ 입이라 불리던 국민회의 최장수 대변인이 아니던가. 15대 국회의원 선거에서 박지원 후보를 꺾는 최대 이변을 일으키며 첫 당선된 이후 이 지역에서 내리 3선을 하였다.

2006년 국회의원에서 지방자치단체장으로의 도전은, 손학규 경기도지사의 불출마 선언으로 자천 타천으로 당내 경선을 통해 한나라당 경기도지사 후보가 되면서 시작되었다.

경기도지사 선거의 첫 상대는 경북중학교 동기동창으로 삼성전자 최고경영자와 노무현 정부에서 정보통신부장관을 역임한 민주당의 진대제 후보였다. 당시 진대제 후보는 코리안 드림의 상징적인 인물이자 성공 신화의 주인공으로 주목받고 있어 청년들에게 상당한 인기가 있었다.

2010년 재선에 도전한 두 번째 경기도지사 선거는 '현 도지사'와 '범 야권단일후보'와의 대결이었다.

김진표 민주당 최고위원, 유시민 전 보건복지부 장관, 심상정 전 진보신당 대표가 출사표를 던지고 민주당, 민주노동당, 진보신당, 국민참여당 등 모든 야당의 단일 후보로 나선 유시민 후보와의 선거는 당시 큰 이슈가 되었는데 19만 1600표 차로 당선되어 도지사 업무에 복귀하였다.

국회의원 시절엔 '국민머슴'이란 이런 것이다 증명이라도 하듯이 낮은 곳을 향해 뛰고 또 뛰었고, 중앙 정치에서는 '혁명보다 어렵다는 정치개혁'을 위해서 온 몸을 다하여 설득하고 부딪쳤다.

이런 진심은 국회 출입기자단에서 일 잘하는 국회의원 1등, 약속 잘 지키는 국회의원 1등, 그리고 국정 감사 베스트 의원 1위에 9번이나 선정되는 기쁨으로 이어졌다.

행정가로 임무를 부여받은 경기도는 인구 1,260만에 서울시 면적의 17배에 달하며 인구수로는 벨기에와 포르투갈 그리고 그리스보다 더 많은 국내 최대 규모의 지방자치단체이다.

재선에 성공한 첫 도지사로서 "더 낮은 곳에서 더 뜨겁게"라는 초심을 생각하며 8년 동안 진심으로 열심을 다해 경기도민을 섬기다가 2014년 6월 30일 늦은 시간, 의정부 어느 전철역에서 무상급식 봉사를 하면서, 1945년

8월 15일 초대 구자옥 도지사로 시작된 관선과 민선의 경기도지사 중에서 가장 오랜 8년의 임기를 이임식 없이 마쳤다.

퇴임이 유별나다고 하시지만 아무런 연고 없는 경기도에서 3번의 국회의원, 2번의 도지사로 선출되어 국가와 지역주민에게 봉사할 수 있는 기회를 주신 경기도와 경기도민은 감사의 마음을 넘어 이미 나의 가족이고 사랑이었다.

퇴임 후, 당에서는 코 앞으로 다가온 서울시 동작을 보궐선거에 선당후사를 주장하며 출마를 강력하게 요청해 왔지만 나의 첫 행보는 전라남도 고흥군 '아름다운 아기 사슴 섬' 국립소록도병원이었다.

도지사 시절 5·18 광주민주화운동 기념행사에 참석하기 위하여 광주광역시를 방문하면서 국립소록도병원을 찾아 1박 2일을 체류하게 되었다. 그때 맺은 인연으로 퇴임 후에 꼭 다시 찾아오겠다고 약속하였는데 무슨 일보다 우선하여 그 약속을 지키고 싶었다.

퇴임 후 첫 일정으로 이 곳에서 7일간 숙식을 하며 자원봉사하는데 너무 힘들다. 나는 좀처럼 육체적인 봉사에는 힘들어 하지 않는데 국립소록도병원에서 자원 봉사로 일하는 것은 힘이 부쳤다. 이 곳에서 봉사활동하는 모든 분들에게 존경의 마음을 절로 품게 되었다.

나를 아끼는 분들 중에는 보궐선거라는 정치적으로 좋은 기회를 놓쳤다며 혹시 당선에 자신이 없어서 비겁하게 피한 것 아닌가 하며 지탄하시는 분들도 있었다. 하지만 결과적으로 나경원 의원이 당선되어 당으로는 최선의 선택이 되었고 나로서는 소록도 한센인과 지낸 1주일의 자원 봉사가 퇴임 후 나를 다시 돌아보고 초심을 회복하는 귀한 시간이 되었다.

20여년을 치열하게 열정적으로 쉼 없이 달려온 한 정치인은 '아름다운 아기 사슴 섬, 소록도'에서 쉼표 있는 새로운 악보를 그리게 되었다.

치열하고 열정적인 정치인에서 좌우를 살피고 동서남북을 아우르는 온유한 정치인으로 …….

이제는 2016년 20대 국회의원 선거에 출마할 지역구를 결정해야 한다.

17대 총선에서 한나라당 공천심사위원장을 역임한 나는 누구보다 공천의 원칙을 지켜야 했고 도지사를 하느라 8년을 비웠던 부천 소사구에는 보좌관으로 시작하여 오랜 정치적 동지인 차명진 의원이 재선의원으로 3선을 위해 열심히 활동하고 있다.

나를 아끼는 주변의 대다수가 당선 가능성을 고려하여 수도권 출마를 강력히 권하고 언론에서도 수도권 출마가 당연한 것으로 보도한다.
하지만 좌우를 살피고 동서남북을 아우르는 '국민의 정치인'이 되고자 하는 나의 생각이 확고하게 정리되고 있었다.

때마침 4선의 이한구 의원이 '대구시 수성 갑' 지역구에서 불출마를 선언한다.
그는 20대 총선의 새누리당 공천관리위원장이다.

당시 원내 대표였던 유승민의원에게 '수성 갑' 출마를 조심스럽게 타진하면서 대구 출신 의원들의 의견을 물어봐 달라고 했더니 반대는 없고 환영하면서도 선거 결과에 대해 우려한다고 한다. 한마디로 험지라는 것이다.

경쟁 후보는 경상북도 상주 출신으로 경기도 군포시에서

3선 국회의원을 지냈고, 19대 총선에서는 지역 타파를 외치며 대구 '수성 갑'에 출마하여 낙선하였다. 그리고 2년 뒤에는 대구시장 선거에 출마하는 등 4년여 동안 지역구를 열심히 관리한 더불어 민주당의 김부겸 전 의원이었다. 그는 이미 수성 갑에서 상당한 인지도가 있었고 성실한 후보였다.

나는 지인들의 강력한 반대와 애정 어린 조언에도 불구하고, 대구시 '수성 갑' 출마를 결심했다. 이렇게 나는 험지라고 출마했는데 오히려 여론은 고향에서 꽃가마를 타려 한다고 비난한다.

준비는 늦었지만 진정한 마음으로 열심을 다 하다보면 진심을 알아 주겠지?
그래도 고향인데 내심은 반겨 주겠지!

공식선거운동이 시작되고 실시한 첫 여론조사 결과는 예상보다 더 크게 뒤져 있다. 하지만 지역주민을 열심히 만나고 설득해 가니 지지율이 조금씩 올라가더니 언론에서 박빙을 보도하기 시작한다.
"조금만 더 열심히 하자!"

어느덧 선거운동은 막바지에 이르는데 새누리당 공천파동의 여파는 날로 커져간다.

그래도 상승되어 가는 지지율에 감사하며 당선의 희망을 만들어 가고 있는데 선거 막바지에 "김문수가 대구 경제를 망가트린 원흉"이라는 얘기가 들려온다.

"김문수 후보가 경기도지사를 할 때 수도권 규제를 무리하게 풀어 대구시 주변의 공장과 인력이 수도권으로 대거 이전되면서 경기도는 발전하고 대구시의 경제는 침체되었다."
그래서 대구 경제 침체의 주범이 김문수 후보라는 그럴듯한 낭설이 공천 파동의 허무한 바람과 함께 사실처럼 급속히 퍼지고 있다.

아이쿠!
해명할 시간이 없다.
결국!
선거에 반전은 없었다.

노를 젓다가

노를 놓쳐버렸다

비로소 넓은 물을 돌아다보았다.

− 고은 −

낙선의 아픔은
'고향의 선물'이었다

선거 후, 비난이 많다.
왜 대구에서 출마했냐고?
나를 지지하던 분들의 지탄이 더 매섭다.

언론에서도 '김문수'는 빠르게 사라져 간다.
낮은 지지율이기는 했어도 잠룡이니 대선 후보니 하며 종종 이름이 거론되었는데……

멋쩍은 생각을 하다가 전철에서, 길거리에서, 식당에서 오가다 만나는 반가운 분들로 인해 힘을 얻는다.
이런 분들과 대한민국 발전을 위해 할 일이 너무 많은데 하는 아쉬움에 깊은 사색에 잠긴다.

갑자기 개인 시간이 많아지자 새로운 사람들을 만날 기회가 생긴다. 정치인으로 바쁘게 지낼 때는 만나야 할 분들이 많아 새로운 분들과의 만남이 제한적이었는데 그 때는 만나지 못했던 분들과 인사를 나눈다.

"안녕하세요!
 백수 김문수 입니다."

이름 석자 크게 쓰여진 하얀 백수 명함을 어색하게 건넨다.
상대는 자기들은 백수 아닌 백성이라며 인사를 하는데 ~~

나 없는 가족사진

낙선의 아픔은 '고향의 선물'이었다   31

혹시 나를 암행어사 박문수로 착각하나?

음 백성이라~
오랜 만에 듣는 정겨운 단어였다.

백성과의 이야기는 다양했고 창덕궁 가까이에서 좋은 차를 함께 마시며 오랜 시간 대한민국 백성과 나라 걱정을 하다가 낙선을 축하한다며 웃는다.

이런!
'축 낙선'이라니……

낙선하지 않았다면 자신을 깊이 들여다볼 시간이 있으셨 겠습니까?
낙선하지 않았다면 나라의 미래를 깊이 구상하는 기회가 있으셨겠습니까?
낙선하지 않았다면 백성과 깊은 이야기 나눌 여유가 있으 셨겠습니까?

물론! 이라고 자신 있게 대답한다.
항상 대한민국의 미래를 고민해 왔습니다.

백성이 다시 물어온다.
얼마나 진지하게, 얼마나 깊게 고민했냐고?

깊이라 ~~
나의 답변이 조금씩 흐려진다.

백성의 질문이 이어진다.
"시련과 낙선의 경험 없이 역사에 이름을 남긴 훌륭한 지도자가 있었나요?"
우리는 열심히 포털사이트에서 국내외에 이름을 아는 지도자를 함께 뒤졌지만 한 사람도 찾지 못했다.

한 분이 어색함을 깨고 말을 건넨다.
"얘길 듣고 보니 도지사 시절에도 대선 행보는 전혀 하지 않으시고 도정 일만 열심히 하신 것 같습니다. 그런데도 잠룡이니 대선 후보니 하는 명단에 '김문수'란 이름이 지속적으로 거론되고 있는 것 자체가 기적이네요.
비록 지지율은 미약하지만요. ㅎㅎ"

지지율 얘기는 안 해도 되는데……

이런 만남들이 하나 둘 늘어나고 이야기는 점점 깊어간다.

새로운 만남들과의 대화는 소박하지만 현안 이슈들에 대해 날카로운 지적이 이어진다. 또 대한민국의 미래를 염려하는데 정치적 식견이 대단하다.

그러면서 그들은 내게 요구하고 있다.

대한민국 미래를 꿈 꾸어 주세요!
정직한 대한민국을 만들어 주세요!
깨끗한 부자(淸富) 나라를 만들어 주세요.

이구동성으로 그들은 나의 낙선이 '전화위복'이고, '고향의 선물'이라고 말한다.

고향의 옛집

많은 걸 가진 나라,
길을 잃은 대한민국

어느 날,
우리는 길을 잃었다.

우리 대한민국은 짧은 시간에 참 많은 걸 가진 나라가 되었다. 해방과 6·25 전쟁 그리고 분단의 시간을 극복하며 이룬 기적이다.
말 그대로 아무것도 없는 폐허에서 자본도, 인재도, 기술도 세계 정상의 나라가 되었다. 경제뿐만 아니라 문화, 예술 그리고 스포츠 등 다양한 분야에서 이미 부족함이 없는 풍요로운 나라가 되었다.

경제적인 성장은 오래 전에 G-20 가입국이 되었고 해방 직후, 1946년 354만달러 수출로 시작한 대한민국은 2015년 기준으로 9,633억 달러를 수출하는 세계 6위의 수출국이 되었다.
70년 사이에 272,119%가 성장한 것이다.

올림픽에서 메달 순위 10위권 이내는 당연한 목표가 되는 스포츠 강국이 되었고, K-POP과 한류는 이미 아시아를 넘어 세계 시장의 주역으로 자리잡으며 한민족 5000년 역사에 가장 풍요로운 시대라 해도 지나친 표현이 아니다.

그런데
어느 날, 우리는 길을 잃었다.

만족하지도 행복하지도 못한 국민이 점점 늘어간다.
가족도, 이웃도, 국가도 신뢰하지 못하는 마음이 점점 자라간다.
공평하지 못한 세상이라는 생각은 신념이 되어 간다.
서로 믿을 수 없는 정직하지 못한 사회라고 공공연히 말한다.
감사는 잊혀졌고 억울함과 불만만이 급격히 팽창하고 있다.

이래선 안 되는데,
우리 나라가 이래선 안 되는데 ……

나는 도지사 시절, 기회가 되면 '충북음성 꽃동네'와 '포천지역 한센인 마을'을 자주 찾았고 최근에도 '충북음성 꽃동네 40주년 기념행사'에 다녀왔다.

또한 도지사를 퇴임하고 첫 방문지로 소록도를 찾아 한센인들의 자원봉사자로 한 주를 함께 숙식하며 봉사했는데 육영수여사 이후, 한센인 치료 시설과 소록도병원을 두 번 이상 방문한 정치인은 김문수가 유일하다면서 20대 총

다짐

선시에는 (사)한국한센총연합회 회장과 경기도, 대구경북 지역 대표단이 대구 선거사무소를 찾아와 적극 지지의사를 표명하기도 했다.

대한민국에 한센인이 몇 명이나 되겠는가?
한때 문둥병이라고도 불리던 한센병은 참 고약한 병이다.

최근엔 치료제가 발달하여 치료가 가능하지만 성경에도 등장하는 아주 고약한 병이다. 내가 전문의사가 아니라 한센병에 대하여 의학적인 지식은 없으나 자원봉사를 하면서 발견한 이 병의 특징 중의 하나는 환자가 환부에 통증을 느끼지 못한다는 것이다.
증상이 심하면 코가 베이고, 손이 불타고, 살점이 썩어도 전혀 통증을 느끼지 못한다고 한다. 그래서인지 한센인의 바램과 치료는 상처에 통증과 고통이 느껴지는 것이라고 한다.

그런데 우리 사회는 점점 타인의 고통에 감각을 잃고, 이웃의 아픔을 외면하고, 가족의 슬픔에 무감각해지며 병들고 있지는 않는지?

북한 핵의 위협과 미사일 발사에도 근거 없는 낙관으로

안보 감각을 상실한 건 아닌지?

원래 우리 국민은 함께 아파하고, 서로 나누고, 뭉쳐서 이겨내는 그런 민족이다.

잃어 버린 길을 다시 찾아야 한다.

국민과 함께 느끼는 고통

1996년, 경기도 부천시 소사구에서 첫 국회의원 선거에 도전했다.

부천 소사구는 호남 출신 지역민이 많은 지역이고 주 경쟁 상대는 'DJ의 입'이라 불리는 박지원 의원이다.
경북 출생, 40대 초반, 노동운동가 출신의 무모하기 짝 없는 첫 출마의 슬로건은 "지옥철, 대통령도 같이 타봅시다" 였다.

당시 1호선, 경인전철은 노후 차량에다 출퇴근 시간의 상태는 말 그대로 '지옥철'이었다. 생존을 위한 것이 아니라면 피하고 싶은 매일 매일의 고역이다.

당시 대통령은 물론이려니와 국회의원, 장관들도 전철을 이용하는 기회가 거의 없었다. 이들에게 부천에서 구로역까지만이라도 출근 시간에 지옥철을 타 보자고 요구했다. 이들이 임신한 직장주부가 지옥철을 타고 출근하는 고통을 이해할 수 있을까?
나는 딱 한번 만이라도 좋으니 함께 타보자고 강력히 요구했다.

그 후, 노후 차량은 새 차량으로 교체되었고 1899년 국내 최초로 설치된 경인철도는 꼭 100년 만인 1999년에 국내 최초의 복복선으로 재 개통되었다.

함께 아파하고, 서로의 고통을 공감하는 것이 회복의 시작입니다.

정직한 나라

"그 무엇보다 우선하여 하늘을 우러러
국민과 스스로에게 정직한 대통령이 되겠습니다!"

유난히 더웠던 8월, 폭염에 지친 창덕궁이 들여다 보이는 곳에서 참으로 오랜만에 새로운 분들과 차 한잔 나누는 여유로운 시간을 가진다. 딱히 주제는 없지만 나라 사랑을 공통주제로 하여 나누는 거침 없는 대화가 새롭다.

성주군의 사드배치와 핵 실험을 주제로 안보를 걱정하며 토론하는 중에 한 분이 불쑥 내게 질문을 한다.

"오늘 유력 일간지에서 발표한 '대선 주자 지지율 명단'에서 이름조차 빠지셨던데 …….
국회의원 낙선 이후에는 여론에서 주목해 주지 않으시나 봐요?
많이 섭섭하시지요."

"아~ 네,
제가 대선 주자로 거론은 되고 있지만 늘 지지율은 미미하였습니다.
2010년 범 야권단일화 후보 유시민씨와 경합하여 경기도지사 재선에 성공한 직후에 실시된 여론 조사에서 10%대의 지지율이 발표되고 나서 아직 그 이상의 지지율을 얻지 못했습니다.
재선 도지사 시절에는 소위 대선 행보를 하면서 도정을

살피라는 주변의 강력한 권고가 있었지만 서울시 면적의 17배에 달하고 인구가 1,250만에 육박하는 경기도정 업무가 대선 행보를 겸하여 하기엔 너무 방대하고 중요하여 도지사 업무에 주력하다 보니 아무래도 대선 행보나 지지율에는 전혀 신경을 쓰지 못했습니다."

"너무 아쉽습니다.
저는 한국 정치판에서 신뢰할 수 있는 정직한 정치인 한 분을 꼽으라면 주저 없이 김문수 지사님이었는데……
현재 상태로는 대통령은 고사하고 대통령 후보가 되실 가능성도 매우 낮아 보입니다.
가능성이 제로입니다. 제로 ~"

그때 다른 한 분이 말을 이어간다.

"하지만 모르죠.
국민들이 이번 대선엔 내 편, 네 편으로 편가르지 않고 '정직한 대통령', '진실한 정치인'을 뽑겠다고 나선다면 '김문수'가 으뜸입니다.
특별히 '국민을 속이지 않을 지도자를 뽑겠다'라고 한다면 경쟁자가 없습니다."

함께 차를 나누던 분들이 크게 공감해 주면서 분위기가 밝아진다.

나는 순간 어떻게 반응해야 하지? 하다가 그냥 웃는다.

내심은 고지식한 정치인으로 여기지 않고 정직한 정치인으로 평가해 주시니 진심으로 감사하다. 이내 칭찬에 머리가 숙여진다.

과연 내가 정직하고 진실한 정치인인가?
학창시절에 반훈과 교훈에 빠지지 않는 것이 '정직'이다. 아무리 강조해도 지나침이 없지만 정치인에겐 생각만으로는 지킬 수 없는 큰 용기가 필요한 행동 아니던가?
더구나 정직의 반대는 거짓이 아니라 부정직이라고 하니 단순히 거짓말을 하지 않았다고 해서 정직한 것은 아니다.

정치인에게 정직이란 무엇일까?

내 삶을 돌아보니 정직까지는 몰라도 사사로운 이익을 위해 과대 포장하거나 거짓된 삶을 살지는 않은 것 같아 다행이다. 나뿐 아니라 아내 설난영도 화려하고 사치한 삶에는 무심하니 굳이 그래야 할 일이 별로 없었던 것 같다.

하지만 소박하게 살고 거짓되지 않았다고 하여 정직한 것은 아니지 않는가?

도산 안창호 선생님은
"정직과 성실만이 이 나라를 구하는 유일한 길이다"라고 하셨다.

칭찬을 마음에 깊이 새기며 나의 지난 행적을 돌아본다.

'김문수 지사가 웬일로 쇼를 다 하지?'
도지사가 택시운전을 한다니 아무도 믿지 않았다.

2009년 1월 13일 택시운전 자격증을 취득하고 2009년 1월 27일 설 연휴 마지막 날, 수원에서 택시운전을 시작하여 1년 동안 특별한 행사가 없는 한, 휴일을 이용해서 연 152시간 사납금을 걱정하는 일반기사로 택시운전을 했다.

1년 이나 '정치 쇼'를 했으니 이제 끝이겠지.
"지사님! 1년도 대단한 겁니다. 이제 그만 두시지요."

도청 직원들의 만류가 심하다.
하지만 나는 도지사를 하는 동안 휴일에 골프 대신 택시

운전을 택했다. 왜냐하면 현장에서 민생을 살피고 국민을 깊이 만나는 데는 택시운전보다 더 좋은 방법을 아직 찾지 못했기 때문이다.

택시를 오래 하다 보니 물을 적게 마시는 버릇이 생겼다. 택시기사들은 운전 중에는 가급적 물을 마시지 않는다. 그 이유는 편하게 화장실 갈 여건이 안 되기 때문에 갈증이 심해도 목만 축이고 식사 시간까지 참는 것이다. 우리나라 택시가 불친절하다고들 하지만 직접 겪어 보니 택시기사들의 근무여건도 최악이다.

택시가 그 나라 교통문화를 평가하는 기준이고 국민을 상대하는 대중 서비스업이니 친절이 기본이 되어야겠지만 이런 최악의 근무여건에서 어디 친절만을 강요하기가 쉽겠는가?
이 문제는 정부가 반드시 해결해야 할 과제이다.

이렇게 시작된 택시운전은 수 많은 에피소드를 남기고 도지사를 퇴임하는 2014년까지 6년을 이어갔다.

"어디로 모실까요?"
국민을 향한 나의 진심이다.

국내 최초 택시운전하는 도지사

병역의 의무를
하지 못했다

이 새끼야!

너는 징집면제다.

집에 가라!

1971년 대학교 2학년 여름 방학에 동아리 선배가 두 명의 다른 학생과 함께 나를 불렀다.

강제 징집되었다가 이제 막 복학한 김근태 선배의 제안으로 농활(농촌활동)이 아니라 공활(공장활동) 이른바 '위장취업'을 하자는 것이다. 1년 전, 청계천 피복 노동자 전태일이 분신자살을 하는 충격적인 사건이 있었고 그때까지만 해도 위장취업이라는 개념 자체가 없었다.

나는 기꺼이 선배들의 제안을 받아들여 구로동 미싱 공장에서 한 달간의 위장취업을 마치고 1971년 8월 말경 학교로 돌아 왔는데 무리를 했는지 40도를 오르내리는 고열로 코피가 터지고 식사조차 제대로 할 수 없다. 장티푸스에 걸린 것이다.

어쩔 수 없이 고향집으로 내려와 영천 읍내 병원에 입원하여 치료를 받고 있는데, 병실에서 '서울대학교 김문수 제적조치'라는 날벼락 같은 보도를 접한다.

당시 상황은 1971년 4월 박정희 대통령이 3선에 성공하자

화이팅!

병역의 의무를 하지 못했다 55

대학가에서는 연일 총체적 부정선거 시위가 확대된다. 그러자 정부는 1971년 10월 15일 긴급 위수령을 발동하면서 주요 대학에 군대를 주둔시키고 전국의 대학생 174명을 무더기로 제적시키는데 그 제적자 명단에 '서울대 김문수'가 있었다.

나는 20대를 막 시작한 대학교 2학년 학생이다.

여전히 40도가 오르내리는 고열로 시골집에서 요양하고 있는데 '제적 통지서'와 함께 뒤이어 국군 보안대원들이 강제징집을 위해 집으로 찾아 왔다. 하지만 40도를 오르내리는 장티푸스 환자를 강제 징집하지 못하고 '입영 신체검사 통지서'를 두고 갔다.

며칠 후, "문수야! 군대 잘 다녀와라." 눈물로 배웅하시는 어머니를 뒤로하고 대구 국군통합병원에 자진 출석하니 전담 사복 보안대원이 기다리고 있다.

강제징집을 위한 특별대우로 보안대원이 직접 나를 데리고 신체 검사장을 함께 다닌다.

"아픈 데 없지?"
"귀가 안 좋은데요. 왼쪽 귀가 잘 안 들립니다."

"뭐라고? 이 새끼가"
군의관에게 데리고 간다.

"귀 수술한 적이 있나?"
"고등학교 1학년 때 대구 동산병원에서 중이염으로 수술을 했고 최근엔 장티푸스를 앓았습니다."

군의관이 이리 저리 들여다 보더니 '신체검사서'에 도장을 찍어 보안대원에게 건네준다.

보안대원의 얼굴이 심하게 찌그러지더니
"집에 가라. 이 X 새끼야!"
"그럼 언제 또 신체검사를 받으러 와야 합니까?"
"이 새끼야, 너는 징집 면제다."

당시 나처럼 강제징집이 되는 경우에는 상상하기 힘든 군 생활을 해야 했기에 천운이라 여기고 집으로 돌아왔으나 난감한 상황이 벌어지고 있었다.
서울대학교에서 강제퇴학 당했다는 보도가 나오고 국군 보안대원이 강제징집을 위해 시골 집을 찾아오니 나는 동네에서 '알고 보니 빨갱이'가 되어 있다.

작은 시골 마을에서 '알고 보니 빨갱이'라는 소문으로 이러지도 저러지도 못하고 지쳐가고 있던 어느 날, 시골 마을에 검정 지프차가 나타나더니 설명도 없이 나를 태워 영천 읍내로 데리고 간다.
영천에서 차를 바꾸어 대구 보안사에 끌려 가보니 그 곳에는 서울 상대에서 함께 제적되었던 경북고 동기생인 이영훈, 김재근이 있다. 함께 눈을 가리고 수갑을 채운 채로 간판도 없는 '서울 보안사 분실'에 끌려 갔다.

이른 바 '빙고 호텔'이다.

아무리 생각해도 이번엔 정말 무슨 일로 끌려왔는지 전혀 영문을 알 수 없다.
구타나 고문은 없었지만 전혀 모르는 내용들을 물어 보더니 이번엔 남산 중앙정보부로 데려가 차가운 바닥에 무릎을 꿇게 하더니 '타도'라는 유인물을 누가 만들어 배포했는지 취조한다. 몇 차례 구타 당하기는 했지만 연루되지 않음이 밝혀지자 차비를 주면서 돌아가라고 한다.

내 나이 겨우 스물 한 살 대학교 2학년, 대한민국 정부에 의해 강제로 제적당한 청년에게 국가 공권력은 너무도 무서웠다.

든든한 안보의 시작

이런 사유로 나는 군대를 가지 못했다.
의무를 다하지 못한 것도 억울하지만 대한민국 남자들의 호기찬 군대 이야기를 들을 때면 나는 서슬퍼렇던 보안대원이 떠오르고 의무를 다 하지 못한 아쉬움과 죄송함으로 늘 침묵해야 했다.

그래서일까?
나는 국가 안보 사안에 민감하고 전문가의 의견을 많이 듣고 참고한다.

도지사 시절에는 경기도 관내에 있는 서부전선과 DMZ 등 안보문제에 큰 관심을 가지고 군 당국과 공조하여 마치 현역복무를 하듯 전선 구석 구석을 찾아 안보의 현장을 확인하고 관련 민원을 들었다.

경기도 북부에는 오늘도 전쟁터의 소리가 들린다.

경기도는 군사시설이 많을 뿐 아니라 군사분계선이 지나가는 최전방을 끼고 있다. 그러니 대한민국 군사력의 70%가 경기도에 배치되어 있다 해도 과언이 아니다.
미군 시설의 90%가 경기도에 있고 수원 비행장을 포함하여 다수의 군사비행장과 훈련장 그리고 137개에 달하는 사격 훈련장이 경기도에 있다.

도지사 8년 동안 경기도안보협의회 의장으로서 군사대치 현장을 방문하고 안보를 수호하는 전문가들을 만났다.

그 결과, 국가안보에 관하여는 타협이란 없다.
지켜야 하고 지켜내야 하는 것이고 어느 누구도 우리를 대신하여 끝까지 지켜주지 않는다는 결론을 나 자신 굳게 가지게 되었다.

더구나 핵 폭탄은 재래식 무기로는 해결할 수 없다.
그래서 북한의 핵 도발은 핵과 관련하여 해결할 수 밖에 없다고 주장하고, 사드배치에 대하여 반대하는 사람이 대통령이 되서는 안 된다고 했다.

국가안보 문제로 파생되는 경제·외교·문화교류 등 주변국가와의 마찰은 풀어야 할 과제이지 주변국의 눈치를 보며 타협해야 할 사안이 아니다.

국가안보에 관하여 보수와 진보를 논하는 사람은 이미 지도자가 아니다.

그렇다고 북한과의 대치 상황을 긴장시키자는 것이 아니다. 북한이 한반도 긴장을 유발하고 주도하려 한다면 우리는 굳건한 안보를 바탕으로 얼마든지 평화를 주도하며 공생하는 길을 제시할 수 있다고 본다.

전쟁과 분단의 상징으로 조성된 DMZ가 어느새 60년을 지나면서 사람의 발길이 닿지 않은 천혜의 자연지대로 치유되었다.
전쟁의 아픈 상처가 세계적인 생태환경 자산이 된 것이다.
머지 않아 남과 북은 DMZ를 공동 개발하여 세계 유일의 '평화의 생태 공원'을 만들수 있을 것이다.

그날이 속히 오길 기대하고 믿는다.

DMZ 희망 미팅

우리나라
대한민국

우리 가족의 고향은
대한민국입니다

나는 경북 영천에서 태어나 대구에서 공부하고 서울과 경기도를 중심으로 20여년을 살다 지금은 대구에서 살고 있다. 아내 설난영은 전남 고흥에서 태어나 순천에서 자랐고 역시 서울과 경기도에서 20여년을 살다 지금은 나와 함께 대구에서 살고 있다.
그리고 외동 딸은 서울에서 태어나 경기도에서 자라고 서울에서 살고 있으니 우리 가족의 고향은 대한민국이다.

사전(辭典)을 찾아보니, 고향이란?
   1. 태어나 자라난 곳.
   2. 늘 마음으로 그리워하거나 정답게 느끼는 곳.
   3. 제 조상이 오래 누려 살던 곳.

고향!
늘 정겹고 언제나 돌아가고 싶은 추억이 있으며 조상의 흔적이 가득한 우리의 고향이, 더 이상 정치적 이유로 타인과 힘 겨루는 지역적 지지 기반이 되지 않고 인재를 등용하고 평가하는데 묵시적 기준이 되지 않는 '진정한 우리 모두의 대한민국'을 기대한다.

"우리가 남이가?"

정겨운 표현이지만 이 의미가 동과 서를 나누고 남과 북을 가르는 분열의 정치적 상징이 된 것을 잊지 않아야 한다.

정치인 김문수

나는 유신시절에 위장 취업을 시작으로 노동운동에 뛰어들었다.
전두환의 5공 시절엔 노동운동은 하나의 부분 운동이 아니라 사회 전반의 변혁운동이 되어야 한다는 신념으로 '군사독재 반대투쟁'을 주요 활동 목표로 하는 '서울노동운동연합' 이른바 서노련을 출범시켜 지도위원으로 활동하였다. 그리고 서노련 신문을 통해 민주화와 직선제 개헌 투쟁에 앞장섰다.

전두환 정권이 지속되고 있던 1986년 5월 3일 인천에서 열린 '신민당 개헌추진위원회' 현판식에 학생, 노동자, 재야인사 등 모든 민주화 운동 세력이 총 집결해 '직선제 개헌'과 '전두환 정권 퇴진'을 외치며 연대 투쟁을 했다.
경찰은 이날 시위를 '좌경폭력 세력에 의한 난동'으로 규정하고 대대적인 구속과 수배령을 내린다.

인천 시위 사흘 후 늦은 밤, 잠실의 한 아파트에 서노련 간부들이 하나 둘 모이기 시작하고 뒤이어 사복 보안대원들이 아파트 문을 부수고 들어와 서노련 핵심 간부들을 체포한다. 개 패듯이 두들기는 사복 보안대원들의 매를 맞으면서 외치는 '군부독재 타도!'는 깊은 밤 아파트에서 점점 공허한 소리가 된다.

그날 핵심 간부인 심상정은 약속장소에 늦게 도착하여 끔찍한 화를 면했다. 지금도 그 날을 기억하면 아찔하고, 심상정 국회의원을 생각하면 얼마나 다행인지 모른다.

그날 밤, 보안사에서 얼마나 맞았는지 '이러다 맞아 죽는구나' 생각하다 실신했다. 다음 날이 되자 완전히 발가벗기고 철제의자에 묶인 채 전기고문과 고춧가루 물 먹이기, 몽둥이 찜질 등이 번갈아 가해지면서 '국가 전복'을 기도했다는 자백을 강요당한다. 또 심상정과 얼굴 없는 시인 박노해의 행방을 추궁하며 무지막지한 고문을 가한다. 그러나 나는 입을 열지 않았다. 국군병원에 실려가면서도 나는 결코 입을 열지 않았다.

이렇게 심한 고문을 당했는데도 아직 살아있다는 게 신기하다.

이후, 나는 '국가보안법위반'으로 기소되어 서울 구치소에 수감된다. 그리고 1심 재판에서 4년이 선고되고 항소와 상고를 거쳐 3년형이 확정된다.

이름 없이 죄수번호 1125호로 안양, 목포, 광주 교도소를 전전하며 2년 6개월의 감옥 생활을 하는 동안 감옥 밖에서는 '노태우의 6·29 선언'이 있었다. '88 서울올림픽'이 폐막되면서 6개월의 잔여 형기를 남기고 1988년 10월 3일 개천절 특사로 2년 6개월의 길고 긴 감옥생활을 마감하고 출소하였다.

출소는 하였지만 나의 고민은 더 깊어진다.
혁명을 통해 노동자와 빈민들 할 것 없이 모두가 다 잘 사는 세상을 이룰 수 있다고 믿었던 나의 신념과 꿈이 흔들리고 있는 것이다.

1989년 베를린 장벽이 무너지고, 뒤이어 소련이 붕괴된다. 70년 동안 사회주의를 채택했던 전 세계 3분의 1의 나라들이 무너진 것이다.
사회주의의 붕괴는 젊은 시절 나의 꿈과 신념을 함께 무너트리고 있다. 혁명의 길을 함께 걸었던 동료들과 치열하게 토론하며 각종 이념 서적과 역사서를 다시 읽어 본다.

역사란 무엇인가?
인간의 본성은 변화 할 수 있는가?

스무 살 시절, 혁명을 통해 노동자와 빈민들 할 것 없이 모두가 다 잘 사는 세상을 이룰 수 있다고 사회주의를 신봉했던 투사 김문수는 사회주의 이념이 허상이고 완전한 실패라고 인정 할 수 밖에 없었다.

사회주의 운동과 노동운동의 봉기를 통해 현실을 타파하겠다고 현장을 찾아 열심히 뛰어다니던 시절, "김군, 그렇게 생각하면 안 된다"라고 하시던 나의 스승이신 서울대 안병직교수의 사상적 변화는 옳았다.

갈등과 고뇌의 시간이 정리되고 있을 때 장기표 선배로부터 연락이 왔다. 그는 직선제 개헌투쟁으로 오랜 감옥 생활을 마치고 1988년 말에 석방되어 전민련 사무처장을 맡고 있었다.

당시 전민련은 6월 항쟁으로 대통령 직선제 개헌을 이루었지만 민주 세력을 이끌던 김대중, 김영삼 이른바 양 김 후보의 분열로 민주화 기회를 놓치고 있었다. 그래서 민주화와 민중운동의 발전을 위해서는 국민에게 희망이 될

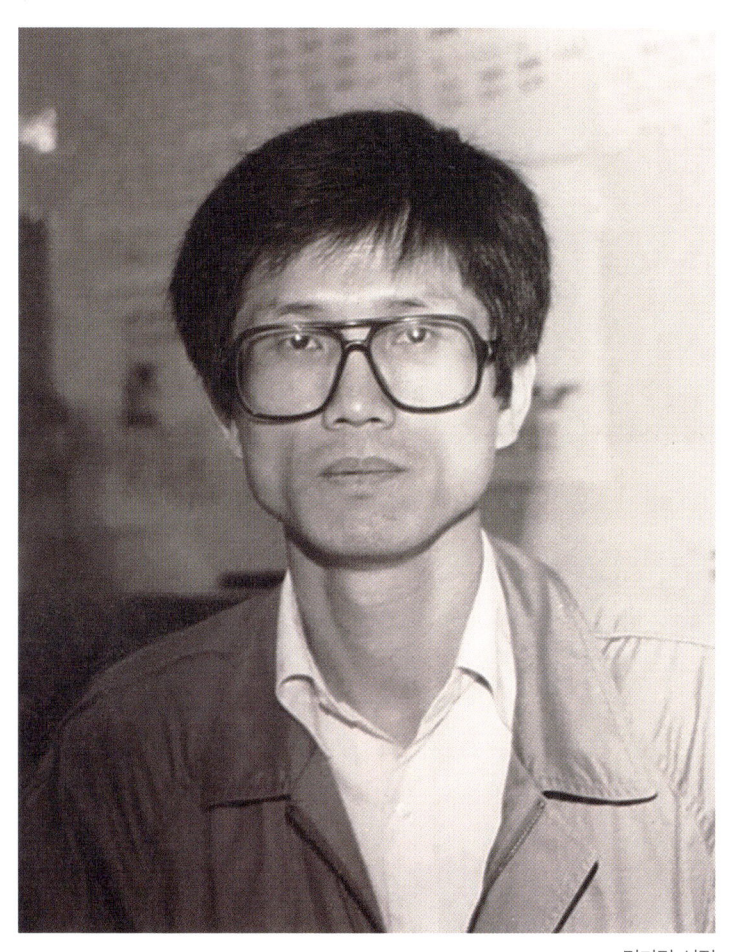

견디던 시절

새로운 세력의 합법정당이 필요하다는 장기표 선배의 주장과 시기상조를 주장하는 김근태 선배의 의견이 충돌하여 전민련이 둘로 쪼개지고 있었다.

결국 장기표 선배가 전민련을 탈퇴하여 1990년 11월 20일 백기완과 이우재가 공동대표, 조직위원장 장기표, 대변인 이재호, 교수위원장 오세철, 노동위원장 김문수 등을 창당 발기인으로 민중당을 창당한다.

하지만 민중당은 1992년 3월에 치러진 14대 총선에서 단 한 석도 얻지 못하고 정당 존립에 필요한 3%의 지지마저 받지 못하자 창당 1년 4개월 만에 해산되었다.

어느덧 내 나이 마흔이다.
마흔이 되기 전까지 나는 좌파 진보주의자였다.

총선 참패와 민중당의 해산은 큰 충격이었지만 나는 그보다 사상적 변화의 열병을 앓으며 고민하고 있었다.

사상적 변화를 거쳐 새로운 길을 모색하고 있을 무렵에 '부천서 성고문 사건'의 당사자 권인숙으로부터 전화가 왔다. 권인숙은 아끼는 대학 후배이자 노동현장에서 고생한

각별한 동지이다.

권인숙은 국가를 상대로 한 손해배상 청구소송에서 승소하여 받은 배상금 4,700만원을 기초로 하여 홍성우 인권변호사를 이사장으로 모시고 노동자들을 위한 상담과 교육사업을 목적으로 하는 '노동인권회관'을 운영하고 있었다. 그런데 미국 유학을 가게 되어 '노동인권회관'을 대신 운영해 달라는 것이다.

아직 새로운 진로가 정해지지 않았고 노동자들에게 좀 더 유익한 일을 할 수 있겠다는 판단에 이를 수락하였으나 수익구조가 없는 '노동인권회관' 운영은 만만치 않았다.

그러던 중, 김영삼의 문민정부가 들어서고 노동부장관에 이인제가 발탁된다. 이인제 장관은 해마다 파업이 발생하고 노사간에 팽팽히 맞서고 있는 현대그룹 노사관계에 특별히 주목하고 '노동연구원'에 고질적인 문제가 무엇인지 진단을 지시한다. 이에 노동연구원은 '현대그룹 노사관계 진단 프로젝트 팀'을 즉시 구성하고 충남대 출신의 이원덕 교수에게 총괄을 맡긴다.

이원덕 교수는 중학교, 고등학교 그리고 대학 생활을 함

첫 유세

께하며 위장취업 경력도 있는 가까운 친구다. 그가 내게 도움을 청해 온 것이다.

"문수야! 너의 도움이 필요하다.
너는 현장 노동자도 해 보았고, 노조위원장으로 회사측과 협상 경험도 많으니 꼭 진단 프로젝트에 참여해 주라."

거절할 수 없는 사이였을 뿐 아니라 노사 문제에 직접 참여해 보고 싶어 제안을 받아들이고 현대자동차 진단 프로젝트 팀장을 맡았다.

이렇게 노동인권회관을 운영하면서 현대자동차 노사관계로 서울과 울산을 오가며 분주하게 지내고 있던 어느 날, 한 여권 인사로부터 만나자는 연락이 왔다.

약속을 하고 찾아간 여의도 민자당사 사무실에는 강삼재 기조실장과 문정수 사무총장이 기다리고 있다.

"아시는 바와 같이 문민정부는 여러 가지 개혁을 추진하고 있습니다. 앞으로도 재야의 요구까지 반영하는 개혁 드라이브는 계속 될 겁니다."

집권 여당, 민자당으로부터 문민개혁 작업에 동참할 것을 제안 받은 것이다.

"고민해 보겠습니다."

YS의 문민정부가 들어서면서 재야인사들의 행보가 '참여를 통한 현실 개조론'으로 자연스럽게 변하고 있었다.
이미 한완상은 통일부총리로, 김정남은 청와대 교문수석으로 입각한 상태이고 재야 출신 손학규는 민자당 후보로 보궐선거에 출마하여 국회의원에 당선되었다.

서울대 안병직교수를 찾아간다.

"선생님께서는 어떻게 생각하십니까?"

"이제 자네도 자신이 생각하는 정치개혁, 더 나은 사회 구현을 위해 직접 정치판에 나설 때가 되었네.
우리가 한때 꿈 꾸었던 만인의 행복과 만인의 평등은 다 좋은 이상이지만 인간의 본성에 부합하지 않은 유토피아 추구가 얼마나 비참한 결과를 초래했는지 현실을 통해 보지 않았나?
이제 우리가 가슴에 품었던 휴머니즘을 현실 정치에서 실현할 방법을 찾아야 하지 않겠나?"

출소 후에도 아내 설난영은 대학서점을 운영하며 생계를 책임지고 있었는데 지하철 '서울대입구역'이 생기면서 서점운영이 조금씩 나아진다고 한다. 밤 늦게 서점을 정리하고 돌아온 아내에게 말을 건넨다.

"민자당 인사를 만났는데 나더러 입당해서 부천 오정구를 맡아 달라고 하는데 그 지역구는 아닌 것 같아 거절하고 왔어."

부천 오정구는 대학동창이자 민주화 운동을 함께 했던 원혜영이 민주당의원으로 당선되어 활동하고 있었다. 굳이 민주화 동지와 대결하고 싶지 않았다.

"뭐요! 당신이 민자당에 들어가서 정치를 한다고요?"
"나는 반대입니다!"

설난영은 소외된 사람 편에서 한 길을 걸어온 남편이 기존 정치권에 들어가 순수함을 잃고 상처 받을까 염려했다.

며칠 후, 나는 다시 아내에게 말을 건넨다.
"오늘 민자당 인사를 다시 만났는데, 부천시 소사구는 어

초선시절 김영삼 대통령과 함께

떠냐고 하네?"

남편의 결심을 읽은 설난영은 더 이상 반대하지 않는다.

"민주화를 시작하는 마음으로 21세기를 열어가고자 합니다."

1994년 3월 8일, 나는 집권여당 민자당의 부천시 소사구 위원장으로 내정된다. 장기표, 김근태의 뒤를 잇는 재야운동권의 차세대 리더이자 노동운동의 얼굴로 주목받던 김문수가 제도 정치권으로 들어온 것이다.

야권 성향이 강한 부천시 소사구에서 'DJ의 입'으로 절대적 신임을 받고 있는 국민회의 박지원 대변인과 대결하여 15대 총선의 최대 이변을 일으키며 국회의원에 당선된다. 그 후, 15, 16, 17대 국회위원을 역임하고 재선 경기도지사로 8년을 국가를 위해 일했으니 나의 인생 후반은 '우파 보수인사'이다.

김문수의 젊은 시절은 뜨거운 가슴으로 불의에 울분한 노동운동가요 진보주의자였으며 5공 군부세력에는 온 몸으로 저항하던 민주투사이다.

동독과 소련의 붕괴를 지켜보며 공산주의는 국민을 행복하게 할 수 없는 모순된 이론임을 확인하고 좌편향화 되가는 후배들을 간곡히 설득하는 민주주의자이다.

또 투쟁으로는 세상을 바꾸지 못하고 국민을 행복하게 할 수 없다는 것을 깨닫고 제도권 정치인으로 입문하여 3선의 국회의원과 재선의 경기도지사를 역임한 보수의 중진이다.

노동운동과 민주화 운동으로 두 번이나 제적되어 서울대학교 경영학과를 25년 만에 졸업하였고, 민주화 운동으로 2년 6개월의 수감생활을 하였으나 결코 비틀거리지 않았다.

진보와 보수의 가치보다 대한민국의 공익과 국민에게 도움이 되는 삶을 최고의 가치로 여기고 오직 한길 만을 똑바로 걸었다.

대한민국은 '좌파의 나라'도 '우파의 나라'도 아니다.
대한민국은 '보수의 한국'도 '진보의 한국'도 아니다.
대한민국은 '우리나라'이다.

오늘날 세계는 평화를 말하지만 자국의 이익을 위해선 사상과 이념 그리고 종교를 넘어 누구와도 손을 잡고, 누구와도 돌아서는 일이 자연스러운 시대이다.

윈스턴 처칠 경은 시대의 요구와 나라의 안보를 최우선 가치로 정하고 보수당에서 진보당으로, 다시 보수당으로 이적하면서 전쟁으로부터 영국을 지켰다.

더구나 대한민국은 미국, 중국, 일본, 러시아 그리고 북한과의 군사적, 정치적, 경제적, 외교적 이해가 충돌하는 이른바 6자의 이해가 여전히 상충되는 중심에 있다. 그리고 북한의 핵은 위협이 아니라 현실이다.

대한민국!
비틀거리지 않아야 한다.
모두 함께 걸어야 한다.
좌로나 우로나 치우치지 않아야 한다.
바른 길을 똑 바로 걸어 가야 한다.

우리 모두의 희망을 포용하며 함께 나아가는
'우리나라! 우리 대통령'을 기대한다.

대학시절 친구들과 함께

나의 사랑,
나의 아내

세상 일은 참으로 알 수가 없다.
진흙탕 물에서 나의 연꽃은 피었다.

1979년 10월 26일 박정희 대통령이 암살되고, 12월12일 전두환 장군과 소위 신군부세력은 군사반란을 일으킨다. 그리고 1980년 3월 국가보위입법회의(국보위)를 창설하고 전두환 장군을 상임위원장에 선출하면서 정권을 강탈한다.

대한민국은 혼돈에 빠지고 1980년 4월, 사북탄광 노동자 파업을 시작으로 5월, 전국에서 대학생들의 대규모 시위가 일어나자 전두환 장군은 5월17일 비상계엄령을 전국으로 확대한다. 그리고 5.18 광주민주화운동이 일어난다.
김영삼 총재를 가택 연금하고, 김대중 의장은 내란음모죄로 사형 선고하면서 1980년 9월 전두환과 신군부세력이 찬탈한 대한민국 제5공화국이 시작된다.

그러던 8월 20일, 노총에서 연락이 왔다.
노조지부장 자리에서 사퇴하지 않으면 삼청 교육대에 끌려가야 한다며 노조로부터 지부장 사퇴 통보를 받는다.

사퇴 후에 평사원으로 회사 생활을 지속하고 있는데 이번엔 회사에서 해고 통지서가 날아 온다.

부당해고다. 명백한 부당해고!

하지만 달리 투쟁 방법이 없던 전두환의 5공 시절이다. 5공 군부가 지목한 노동계 정화 대상자 183명 중에는 남서울 지부의 청년부장 김문수와 여성부장 설난영이 포함돼 있었고 나는 노조지부장은 사퇴하였지만 회사에서 해고되고 요주의 인물로 지목되어 붙잡히면 삼청교육대에 끌려가야 하는 수배자 아닌 수배자가 되었다.
그때 내 나이 서른이다.

나이 서른, 서울대 입학 동기들은 대부분 졸업하고 좋은 직장에 다니면서 단란한 가정을 이루고 있어 예전처럼 불쑥 신세지기가 참 난처하다. 하지만 마땅히 도망 다닐 곳이 없어 친구 집을 전전한다. 불쑥 찾아가도 다들 따뜻하게 대해주지만 영 마음에 걸려 하루 이상 폐를 끼칠 수가 없다.

더구나 서슬이 퍼런 5공 시절 아니던가. 행여 친구에게 피해가 될까봐 조마조마하며 하룻밤을 지내고 친구 집에서 발길을 돌릴 때면 절박한 처지에 울기도 했지만 후회는 없다.

개인의 출세와 명예를 버리고 가난하고 힘 없는 사람들도 잘 살수 있는 세상을 만들겠다고 노동현장에 뛰어든 나의 선택에는 신념이 가득 차 있지만 현실은 갈 곳이 없다.
아무리 생각해도 이제 더는 숨을 곳이 없다.

생각하고 또 생각해서 마지막으로 찾은 곳이 서울시 마포구에 있는 작은 빵집이다.

이 작은 빵집이 내 사랑이 될 줄을 누가 알았겠는가?
세상 일은 참으로 알 수가 없다.

이 작은 빵집은 세진전자 노조위원장이었던 설난영의 동생이 운영하는 빵집으로 설난영이 노조위원장 직에서 강퇴 당한 후, 이 빵집에 달린 작은 집에서 동생과 함께 살면서 낮에는 현장에서 근무하고, 퇴근 후에는 빵집 일을 도우며 지내고 있다.

내가 설난영을 처음 만난 것은 한일공업 노조위원장 직무대리를 하면서 금속노조 남서울지부 청년부장으로 노조위원장들을 상대로 노동법을 강의하고 다닐 때로 설난영은 세진전자 노조위원장으로 금속노조 남서울지부 여성부장을 하고 있었다.

노조위원장들은 대부분 4,50대였고 둘만이 20대여서 우리는 매주 열리는 회의에서 자연스럽게 얼굴을 익히고 노조활동도 같이 한다.

같이 노조 활동을 하면서 이성으로 관심 있게 지켜보니 그녀가 자립심이 강하고 소박하여 남자를 힘들게 할 여자는 절대 아니다 라는 확신을 가지게 된다.

그래서 설난영이라면 결혼해도 나의 이상을 실현하는데 도움이 되리라는 생각에 호시탐탐 기회를 노리다가 1979년 12월 송년회를 마치고 찻집에서 번개처럼 프러포즈를 한다.

"저~ 설분회장!
시집갈 데 없으면 나한테 와요."

그런데 전혀 예상하던 답이 아니다.

"난 결혼할 생각 없어요.
노조 일을 하면서 결혼 생활은 힘들지 않겠어요?"

하기야 세상에 누가 이렇게 프러포즈 하겠나?
몇 차례 더 프러포즈를 하지만 그 때마다 설난영은 담담하게 거절한다.

그렇게 저렇게 지내다 나는 수배자 아닌 수배자가 되어 도망을 다니게 되고 오래 연락이 두절되다가 빵집 문을 닫는 늦은 시간에 갑자기 나타난 것이다.

오랜 도피 생활로 몰골은 상하고 지쳐있는 나에게 설난영이 먼저 질문해 준다.

"그 동안 어떻게 지내셨어요?"

"친구집을 전전하며 지냈는데 더 이상은 미안해서 못하겠습니다. 면목없지만 오늘 밤은 마땅히 지낼 곳이 없는데 신세질 수 있을까요?"

무례하기 짝이 없는 요청이다.
더구나 빵집에 달린 자그만 집에서 동생과 함께 살고 있는데 갑자기 수배 아닌 수배로 도망 중인 사내의 등장이 말이나 되는 일인가? 정식으로 사귀는 사이도 아닌데……

절박한 마음에 주절 주절 설득하려는데 설난영의 답은 간단 명료하다.

"그래요, 불편하겠지만 맘 편히 지내세요."

그 후, 나는 작은 빵집에서 수개월을 맘 편히 숨어 지낸다.
그녀는 언제까지 있을 것인지, 낮에 뭘 하고 다니는지, 묻지도 불편한 기색도 비치지 않는다.

그런 그녀가 너무나 고맙다.
고마움은 사랑이 되고 이 험난한 시국에도 우리의 사랑은 깊어간다.

시간은 흐르고 1981년 1월, 전두환 정권이 비상계엄령을 해제하면서 나의 수배생활도 끝났다.

그 사이에 우리는 결혼을 약속하였고 설난영의 아버지와 첫 만남을 가진다.
하지만 내 처지가 장인 되실 분 만나기엔 참 난감하고 딱하다.
대학은 제적당했고, 직장은 퇴직되었고, 몰락한 양반 집안에, 집도 절도 없는 백수에 노동투사, 민주투사로 낙인 찍힌 청년이 아니던가?
내 현실이다.

"결혼하면 어떻게 살 건가?"
"저는 만인을 위해 살고자 결심하였습니다."

결혼식

"아니, 그게 아니라 우리 딸 어떻게 먹여 살릴 거냐고?"
"만인을 위해 살겠다는 사람이 가족 간수 하나 못하겠습니까?"

어이가 없으셨는지?
솔직한 성격이 마음에 드셨는지?
더 이상 아무 말이 없으시고 결혼을 허락하신다.

내 아내 설난영은 4남 3녀, 7남매 중 셋째로 전라남도 고흥에서 태어나 4살 때부터 순천에서 성장하였다.

교사였던 설난영의 부친은 음악을 즐기고 글쓰기를 즐기는 감성적인 분이셨고, 어머니 역시 품성이 여유로운 분으로, 설난영은 안정적이고 자유로운 가정분위기에서 평범하고 화목하게 자랐다. 그러다 사춘기와 입시 준비로 예민하던 순천여고 2학년 때 어머니가 위암 판정을 받는데 '암 판정은 곧 죽음이다'라고 인식되던 시절에 시한부 판정을 받고 5개월을 고생하시다 돌아가신다.

18살에 접한 어머니의 갑작스러운 죽음으로 마음을 잡지 못해 원하던 대학진학에 실패한다.
그녀는 문학도를 꿈꾸며 서울 친척집에서 재수를 시작했

지만 재수, 삼수를 모두 실패하고 크게 낙심하며 장래에 대하여 고민한다. 그러다 친구들의 권유와 호기심으로 시작한 직장생활은 그녀의 진로를 통째로 바꾼다.

세진전자에 입사한 후, 성격이 활달하고 주변과 융화를 잘 하는 설난영은 주변의 권유와 강권으로 당시 직원이 1,000여명이 넘는 세진전자의 노조위원장이 된다.

설난영과 결혼하다.
우리 집안은 아버지께서 돌아가신 후에 작은 아버님께서 집안의 큰 어른이시다.
그런데 이 어르신께서 내 결혼을 강하게 반대하신다.
여러 번 퇴짜 맞다 겨우 하는 결혼인데 그 속도 모르고 반대가 심하다.

"경상도에는 처녀가 없어 전라도 처녀와 결혼하나?"
이게 주된 반대 이유다.

난 단호했다.
"작은 아버님!
출신 지역이 중요한 게 아니고 사람이 더 중요합니다."
지극히 당연한 얘기지만 열심히 설득하니 이해해 주신다.

아내 설난영

감사하다.

1981년 9월 26일 김문수 노조위원장과 설난영 노조위원장이 결혼을 한다.

청첩장은 만들지 않았다.
하객들은 대부분 노조원이거나 현장 노동자들이라 청첩장은 따로 돌리지 않고 김문수와 설난영이 관악구 봉천동의 한 교회에서 결혼을 한다고 친분이 있는 분들에게 구두로 알렸다.

그런데 당국에서는 전 한일공업 노조위원장 김문수와 전 세진전자 노조위원장 설난영이 위장결혼을 하는 것이라고 의심하고 다섯 대의 데모 진압용 경찰 철망차와 경찰 병력을 출동시킨다.
하객보다 경찰 병력이 월등히 많은 웃지 못할 결혼식에서 우리는 웨딩드레스를 대신하여 평상 원피스 차림으로 손을 굳게 잡고 신랑, 신부 동시 입장을 한다.
우리는 부부인 동시에 영원한 동지가 되었다.
결혼하고 30년이 막 지난 2012년 8월 어느 날, '경제풍월 8월호'에 박미정 편집위원의 글로 설난영에 대한 기사가 실렸다.

외동딸 동주와 함께

몇 년이 지난 기사지만 이를 요약하여 '사랑하는 아내 설난영'을 자랑하고자 한다.

'사진기도 거짓말을 한다'는 속설을 실감해야 했다.
사진발이 안 받아도 너무 안 받는 '특이한' 케이스였다.
매스컴으로만 그녀를 본 사람들이라면 열에 아홉은 "좀 드세 보이네"라는 인상을 받을 지도 모른다. 얼굴 윤곽이 뚜렷한 까닭이다.

하지만 마주 앉자마자 그녀에게선 사람을 끌어들이는 묘한 흡인력이 있어 보인다는 걸 금세 느낄 수 있을 것이다.
그녀는 누구를 만나도 차이를 두지 않고 한결같은 대접을 하는 스타일이다.

문득 언젠가 신문에서 본 '조선시대 궁중미녀도'라는 그림이 떠올랐다. 음전하면서도 기품이 서린 궁중여인의 모습과 설난영의 모습이 겹쳐졌다.

귀고리 목걸이나 심지어 반지 같은 것도 끼지 않았다. 상의 칼라에 자그마한 새 모양의 브로치를 단 게 '모양내는' 전부였다. 진정성, 진솔함, 소박함, 따스함 이런 온갖 좋은 이미지의 단어들이 그녀를 받쳐주는 액세서리로 느껴졌다. 아주 실용적이고 살림꾼 스타일로, 알뜰하게 삶을 살아온 이 땅의 수많은 주부들과 꼭 같은 모습이다.

남편이 그 정도로 '출세'한 부인들을 꽤 많이 만나왔지만 설난영씨 만큼 일관되게 '정직한 겸손'을 보여주는 사람은 처음 봤다. 그러기가 쉽지 않다. 평생 살아온 대로의 '인품'이 고스란히 보인다고나 할까? 아무튼 '사진'으로만 봤던 때와는 180도 다른 품격 있는 그녀의 모습에서 참으로 오랜만에 진정한 '귀부인'을 만났다는 인상을 받았다. '힘있는 정치인'의 안사람쯤 되면 으레 있을 법한 '자의식 과잉' 같은 걸 전혀 찾아 볼 수 없었다.

설난영이라는 여성에게서 느껴지는 가장 강렬한 이미지는 '헌신과 봉사'다. 어떤 사람이 오더라도 그가 어려움을 겪고 있으면 그녀는 그 사람의 말을 다 들어주고 도울 수 있는 범위 내에선 전심전력으로 도와준다. 상대방의 말을 다소곳이 들어주는 '경청(敬聽) 스타일'도 설난영의 특장점이라고 할 수 있다.

요즘처럼 바쁜 세상에 어느 누가 상대방의 별 '영양가 없는 이야기'를 정색하고 들어주겠나. 하지만 그녀는 '경청하는 자세' 하나로 이날 이때껏 주위 사람들을 보살펴 온 듯하다. 진정성이 느껴진다.

《경제풍월 8월호에서 요약》

딸의 출생

결혼 이듬해에 딸아이가 태어났다.

아들을 낳으면 '동지'라고 이름 짓고, 딸을 낳으면 '동주'라고 이름짓기로 했는데 딸이 태어난 것이다.

세상에 한 가정의 아들이 태어나는데 부모가 그를 '동지'라고 부르다니?

국어사전에 동지란? '목적이나 뜻을 같이하여 의지가 투철한 사람'이라고 정의한다.

딸이 태어나서 얼마나 다행인가?

"김동주!" 세상에 하나뿐인 내 딸의 이름이다.

투옥되었던 아빠를 면회하던 어린 동주는 성장하여 한 남자의 아내이자 자녀들의 엄마로 또 사회의 일원으로 평범하고 행복하게 살고 있다.

사회복지사를 희망하여 대학에서 전공하고 희망대로 사회복지사가 되었고 학내 커플로 만난 사위도 같은 사회복지사의 길을 걷고 있다.

딸의 삶을 존중하고 동주와 사위 그리고 손주들을 사랑한다.

사랑합니다!

다 좋은데…
후덕해 보이지 않는다?

나는 환하게 웃는

나의 모습이 참 좋다

나는 경상북도 영천시 임고면 황강리에 위치한 두메산골에서 14대째 경주 김씨 집성촌을 이루고 유교전통을 지키며 살아가는 침체된 양반가에서 나고 자랐다.

아버지는 경주 김씨 신라 왕릉을 지키는 9급 공무원으로 시작하여 부면장을 지내시면서 종손 아닌 종손으로 문중일을 도맡아 하시는 부지런한 분으로 7남매를 두셨는데 나는 여섯째, 아들로는 셋째이다.

침체된 양반가문이라고는 하나 조상으로부터 물려 받은 땅과 20여칸이 넘는 큰 집이 있어서 먹고 사는 데는 지장이 없었다. 그런데, 초등학교 4학년 때인가 아버님이 문중 친척에게 빚 보증을 서 준 일이 잘못되어 집안이 풍비박산되면서 매우 어렵게 되었다. 하지만 그런 중에도 열심히 공부해서 영남 지방의 명문학교로 알려진 경북 중, 고교를 졸업하고 서울대학교 경영학과에 진학한다.

둘째 누나는 경북여고에서도 공부를 잘하는 학생이었지만 대학진학을 포기하고 전화국에 다니면서 대구로 유학

초선 의원 시절

온 나를 돌보아주었다. 둘째 누나를 생각하면 지금도 미안하고 감사하다.

경북중학교 재학시절, 개교기념일 행사에 당시 국회의장이던 이효상선배가 참석하여 축사를 했다.
"경북중 학생은 대한민국을 이끌어 갈 인재로서 이 나라의 미래요, 희망이요, 등불이니 보다 큰 사람이 되기 위해 노력해야 한다"는 취지의 축사를 듣고 나는 점점 더 개인적인 목표보다 사회문제와 나랏일에 관심을 갖기 시작한다.

나의 아버님은 본인이나 가족의 안위보다 문중의 일을 더 중요시하는 종손 아닌 종손의 삶을 사명이라 여기셨고, 나는 나 자신의 영화나 출세보다 사회와 국가에 봉사하는 것이 가치 있는 삶이라 여긴 것이다.

서울대학교에 진학하고 나서는 개인의 미래보다 시대의 아픔에 동참하고자 노동운동과 민주화 운동에 앞장섰다. 그로 인해 학교로부터 제적을 두 번 당하고, 두 번의 구속과 2년6개월의 수감생활을 했다. 그러다 보니 나이 마흔 셋이 되고서야 입학한지 25년 만에 서울대학교를 졸업하였다.
젊은 시절, 내 인생을 가꾸고 보살피는 일에는 지나치게 소홀하였다.

제도권 정치에 들어와 3선 국회의원을 지내는 동안에도 '국민의 머슴'을 자처하며 나를 돌보지 못했고, 8년의 도지사 시절에는 '더 낮은 곳에서 더 뜨겁게'를 외치며 도정을 살피느라 나를 꾸미지 못했다.

선공후사(先公後私 사적인 것은 뒤로 미루고 공적인 것을 미리 챙기며, 사사로운 것은 버리고 공적인 일에 봉사한다)는 나의 좌우명이자 신조이다.

아버지가 문중 일로 선공후사하셨다면 나는 나랏일로 선공후사한다고 스스로 대견해 하지만 어디 가족들의 불편이야 오죽하겠나.

태생이 그러하니 도지사 시절에 무남독녀 외동딸, 동주의 결혼식도 가족들끼리 조촐하게 했다. 정치권은 물론 도청 직원들도 모르는 작은 결혼식이었다.
그러고 보니 나의 결혼식에도 청첩장을 돌리지 않았다.

이제 좀 달라져도 될 텐데……

이미지가 차갑다!
이렇듯 선공후사나 외치고 세상 사람들 다 하는 경조사조차 유별나니 누군들 차갑다고 하지 않겠는가?
오죽하면 초선 시절에는 "좀 웃으세요"라고 조언하는 지역 주민 분들도 있었다.
그때 이미지가 아직도 강하게 남아 있나 보다.

하지만 나는 어릴 적에 웃음이 많은 편이었다. 그러나 아버지는 '웃는 것은 바보들이나 하는 짓이다'라고 가르치셨고, 운동권에 있을 땐 심각주의에 빠져 웃을 일이 별로 없었다. 하기사 나의 젊은 시절에 무엇으로 환하게 웃을 일이 있었겠는가?

하지만 나는 바뀌었다.
노동투사 김문수, 민주투사 김문수로 온 몸을 현장에 던졌던 시절을 지나 이제는 대한민국 미래를 구상하며 환하게 웃는다.
나를 인터뷰 한 기자는 "어떻게 대중에게 알려진 이미지와 실제의 이미지가 이렇게 다른 정치인이 있는지 의아하다"라고 한다.

나는 환하게 웃는 나의 모습이 참 좋다.

경북중학교때 아버지와 함께

그리고 온 국민이 함께 환하게 웃는 그 날을 늘 기대하며 꿈꾼다.

강직한 인권운동
대한민국에서 인권문제는 아직 대중적이지 않다.
하지만 나는 오랫동안 인권문제에 대하여 깊은 관심을 가지고 공부하고 노력해왔다.

도지사를 마치고 야인으로 있던 2015년도 어느 날, 드레스덴 시민봉기기념사업회로부터 〈드레스덴 인권평화상〉 수상자로 선정되었다는 통보를 받는다.
독일의 드레스텐 시는 우리에게는 생소하지만 옛 동독의 유서 깊은 도시다. 이 도시에서 시작된 시민봉기가 통일 독일의 첫 걸음이 되었다고 한다.
시민봉기를 기념하여 〈드레스덴 인권평화상〉을 수여하는데 나는 2015년도에 〈드레스덴 인권평화상〉을 수상했다. 영광스럽고 감사하지만 북한인권법이 떠올라서 마냥 기쁘지만은 않았다.

2005년, 17대 국회에서 내가 주도하여 발의한 북한인권법(북한의 인권을 개선하기 위하여 제정한 법률)이 10년째 국회에서 계류 중이었다.

미국과 일본은 이미 2004년과 2007년에 법률로 제정하고 시행 중이다.

미국의 북한인권법은 2004년 3월 하원에 상정된 뒤 같은 해 7월 21일 만장일치로 하원을 통과한 데 이어 9월 28일에는 상원을 통과하였으며, 같은 해 10월 18일 조지 W. 부시 대통령이 서명함으로써 발효되었다.

일본의 북한인권법은 2006년 6월 23일 '납치문제 그 밖의 북조선 당국의 인권침해문제의 대처에 관한 법률'로 공포되었다.

북한인권법은 정치적인 사안을 떠나 북한주민의 인권에 대한 중대한 문제임에도 10년째 국회에서 표류하고 있었다.

그러던 2016년, 19대 마지막 정기국회에서 북한인권법이 통과되었다.

2005년 처음 발의하여 11년을 국회에서 표류하다 드디어 통과된 것이다.

하지만 인권에 대한 의지와 결단이 대중에게는 강직한 이미지를 만든다고 한다.

저평가 우량주

지인들은 나를 안전하고 수익률이 높은 '저평가 우량주'라고 부른다.

하지만 정치인이 대중에게 '저평가'를 받는다니 치명적이다.

왜? 내가 대중에게 저평가되는지 물었다.
대중에게 강직하고 경직되게 보이는 이미지가 주된 이유란다.

말도 안 되는 이야기다.
강직은 몰라도 내가 왜 경직된 사람인가? 아니라고 강하게 항변해 본다.
하지만 내가 아니라고 항변한들 어쩌겠는가? 이미지가 그렇다는데 …….

그럼 우량주는 맞습니까?
혼돈의 시대에 틀림 없는 최고의 우량주라고 추켜세운다.

내가 어쩌다 대중에게 강직하고 경직된 이미지로 보였을까 물어본다.
정치인으로서 민감하고 첨예한 사회문제에는 어김없이 앞장서 등장하고, 소외된 서민문제에는 정면으로 나서고, 안보와 인권 등 무거운 주제에는 단골로 등장해서가 아닐까요?
언론에 비춰지는 모습도 자르르하지 못하고 꾸깃꾸깃해

보입니다.
거기에다 노동투사, 민주투사 경력을 더하면 영락없는 꼰대 이미지가 됩니다.

그러니 온유하고 정직한 본래의 모습은 다 감추어지고 대중에게는 강직하고 경직된 꼰대 이미지만이 은연중에 형성되었다는 것이다.
이 시대에 꼰대의 슬픔이다.

이미지를 가꾸고 싶다!
그러나 굴곡진 거울이 아니라 올 바른 거울에 내 모습을 비추고 싶다.
국민 앞에 바르게 서 있는지 ……

소심하게 안경을 바꾸어 본다.
볼에 살이 없어 화면에 날카로워 보이니 안경을 부드럽게 바꾸어 보자고 한다.

지인의 소개로 강변 역 주변에 있는 지하상가를 찾아 갔다.

"안녕하세요!

후덕해 보이는 멋진 안경 잘 부탁합니다."

"어! 김문수 지사님!
제가 연상했던 이미지와 너무 달라서 깜짝 놀랐습니다.
차갑고 강직한 인상으로 알고 있는데……
전혀 아니신데요."

두상이 작고, 피부가 맑고, 미소가 순수하며 적당한 키에 군살 없이 날씬하니 요즈음 세대의 아이돌 스타일이란다.

이거 참! 어색한 칭찬이다.

"누가 코디해 주시나요?"
"집사람과 가까운 직원들이 간혹 조언해 줍니다."

"어쩌면 알려진 것과 이렇게 이미지가 다르시지요?
앞으로는 방송에 출연하시거나 사진 찍으실 때는 전문가의 도움을 조금이라도 받으세요.
이미지가 실제와 너무 다르십니다."

둥근 뿔테 안경을 착용하니 조금 부드러워 보인다고 한다. 그런가?

거울을 보아도 잘 모르겠지만 다들 좋다니 기분은 좋다.

이 시대는 이미지, 감성의 시대라고 하는데 나는 한평생 외모를 가꾸는 일에는 너무 무심하게 살았나 보다.

이번엔 볼에 살이 없다고 보톡스 시술을 권하는 분들이 있는데 차마 못 하겠다고 했다.
내 인생에 기름지고 통통한 볼을 가진 적이 있었던가?
젊어서는 노동운동, 민주투쟁 하느라 멋 부릴 여유가 없었다. 그리고 마흔이 넘어서는 나랏일에 동분서주하느라 볼에 살찌울 틈이 없었다.
볼품 없는 볼이라고 보톡스를 권하는 분도 있다.
하지만 어떤 분은 내 볼살이 "국민에 의한, 국민을 위한, 국민의 정부"라는 불멸의 말을 남긴 미국 16대 대통령 아브라함 링컨을 닮았다고 내 볼을 "링컨 볼" 이라고 한다.

잘 될지는 모르겠지만……
이미지 변신!
그거 한번 시도해 보고자 결심하고 거울 앞에 선다.

'링컨 볼'의 환한 웃음

나는 환하게 웃는 나의 모습이 참 좋다.

온 국민이 함께 환하게 웃는 그 날을
늘 기대하며 꿈꾼다.

119 도지사
김문수입니다

소방관의 헌신은
국민의 안전입니다.

도지사 시절 잊지 못할 부끄러운 사건이 하나 있다.
지금도 길을 가다 만나는 분들 중엔 간혹 '119 도지사 김문수'라고 기억하시는 분들이 계시는데 그럴 때마다 참 난감하다.

2011년 12월 19일, 한 해를 마무리하고 새해를 구상하는 연말에 남양주 지역을 방문하게 되었다.
늘 그러듯이 바쁜 일정이지만 '경기도시공사' 감사를 지낸 분이 암에 걸려 치료하던 중 퇴원하고 남양주에서 요양하고 있다고 하여 서둘러 일정을 마치고 요양한다는 곳을 찾아 문병하게 되었는데 한 눈에 보아도 환자의 상태가 위중해 보였다.
그래서 긴급한 상황이 되면 남양주 지역에서도 위중한 환자들이 신형 구급차를 이용할 수 있는지 확인하려고 '119'에 전화를 하게 되었다.

내심 119에 전화를 걸면 "남양주 소방서 소방교 ○○○입니다."라고 관등성명을 말하겠지? 그럼 나도 "도지사 김문수입니다."라고 관등성명을 하면서 자연스럽게 긴급한

용건을 말하고 연말에 수고하는 119 소방대원에게 덕담 한마디 건네는 따뜻한 통화를 기대한다.

그런데 전화를 걸자 자동응답기에서 "네. 남양주 소방서 입니다." 라고 기계음이 나오더니 바로 이어서 소방대원이 "여보세요, 말씀하십시오."

순간 당황했다.
어 어 ~ "도지사 김문수입니다"
"아 그래요? 용건을 말씀 하세요."
"도지사 김문수 라니까요."
"아 그러니까~, 용건을 말씀하시라니까요."
"나 경기도지사 김문수입니다. 거기 119 남양주 우리 소방서 맞아요?"
"네 맞아요. 무슨 일이신데요."
…….

아이쿠!
내가 상상하고 기대한 통화와는 점점 더 멀어진다.
당황스럽다.

나는 군인 · 경찰 · 소방관 등 국가로부터 제복을 부여받은 공무원은 그 복장에 관등성명을 반드시 표기하고 국민을 상대할 때는 관등성명을 먼저 밝히고 업무를 시작하는 것이 국민에 대한 당연한 도리이자 의무라고 생각한다.

더구나 "도지사 김문수" 입니다라고 관등성명을 말하는데도 상대가 장난전화인줄 알고 관등성명을 말하지 않으니 다음 대화를 제대로 이어가지 못했다.
그래도 몇 차례 더 내가 관등성명을 말하면 그도 관등성명으로 답을 해 주리라 순간 생각했는데 그게 영 이상하게 되고 말았다.

내가 젊은 시절 군대를 못 다녀와서 그러나?
군대를 경험하지 못해 제복 입고 현장에서 당직 근무하는 분들의 애로를 충분히 이해하지 못하고 FM만을 강조한 거 아닌가?

돌이켜 생각하니 근무규칙이 그러하더라도 연말에 장난전화에 시달리고 부족한 인원으로 격무에 지친 119 상황실 사정도 좀 더 살펴야 했는데 그렇지 못했다.
당직 근무자인들 남양주 119 상황실에 도지사가 직접 전화하리라고 상상이나 했겠는가?

긴급 출동

결국 나는 이 사건으로 원칙과 권위만을 앞세운 부족하고 억울한 도지사가 되고 말았다.

더구나 녹취 파일이 언론에 공개되면서 비난의 글과 보도가 줄을 이었으나 솔직히 말해 당시 나는 대중의 비난을 100% 이해하지 못하고 억울한 심정이었으니 나도 맘 고생 꽤나 했다.

어쩌면 도지사를 오래하다 보니 공무원도 국민의 한 사람인 것을 잊어 버리고 경기도 공무원은 규정에 충실히 따르리라는 착각에 빠져있었는지도 모른다.

모든 이유를 떠나 119 통화는 지금 생각해도 부끄러운 사건이다.

'119 사건'을 정치인 김문수에게 가장 불미스러운 사건으로 기억하는 분들도 있겠지만, 나는 119 사건을 군기 바짝 든 FM 모범 사병 같던 김문수의 생각을 고참병으로 변화시킨 전화위복 사건으로 기억한다.

내게 다시 제복 입은 공무원들과 함께 일 할 기회가 주어진다면 그들은 규정과 원칙을 넘어 국가와 국민을 위해 헌신하는 국정 파트너라는 굳건한 믿음 위에서 시작할 것이다.

최고 지도자만이 국가와 국민을 위해 일하는 것이 아니라 공무원 한 분 한 분이 자신에게 주어진 환경과 위치에서 대한민국과 국민을 위해 헌신하고 최선을 다 하고 있다는 것을 맘에 새긴다.

특히 제복 입은 분들은 국가적 사명감 없이는 감당하기 힘든 수고를 24시간 현장에서 헌신하고 있다는 것을 마음 깊이 기억한다.

당시 갑작스러운 통화 사건으로 맘 고생했을 남양주 소방서와 당시 119 상황실 근무자 그리고 불철주야 수고하는 전국의 모든 119 대원에게 송구한 마음을 전합니다.

119 소방대

119 사건으로 오해 아닌 오해를 받았지만 119 소방대에 대한 나의 생각에는 변함이 없다.

소방관은 어느 직종의 공무원보다 바쁘고 위험한 일을 하는 곳으로 화재, 수해뿐 아니라 각종 운동 중 부상, 등산시 추락, 말벌 출현, 심지어 보일러 누수에서부터 모든 안전 사고와 응급환자의 수송에 이르기까지 다 열거할 수 없는 수많은 일에 긴급 출동하는 진정한 우리의 가족이다.

1년에 한두 번 안부 연락도 힘든 자식들도 있는데 119 소방대원들은 신고가 접수되면 가장 빠른 시간에 현장 도착을 목표로 늘 긴장하며 24시간 대기하고 있는 정말 소중한 분들이다.

경기도지사에 취임하니 소방관은 시민의 생명을 구하다 자신을 희생하는 일이 빈번한 헌신적인 작업이고 엄청난 일을 하지만 지원은 턱 없이 부족하고 처우는 업무에 비하여 열악하다.
도지사에 취임하여 실태를 파악해 보니 심지어 경기도 31개 시·군 가운데 의왕, 가평, 화성, 연천, 양주 등 5곳은 소방서가 없다.

2년에 걸쳐 소방서를 신축하고 119 안전센터를 9개 증설하였다.

그러나 소방예산의 중앙정부 지원율이 0.8%에 불과하다. 소방공무원의 근무환경 개선과 노후화된 소방장비 교체가 시급함을 알고 부단히 노력하였으나 지방의 소방예산만으로는 한계가 있다.
소방예산은 시민들의 안전과 생활민원에 가장 밀접하여 국비지원율이 최소 40% 이상이 되어야 한다. 또 소방관의 근무 여건과 처우는 반드시 개선되어야 한다고 해당 부처에 목소리를 높였으나 아직 해결되지 않았다.

소방예산의 국비지원 최소 40%는 소방관을 위해서뿐만 아니라 시민들의 안전을 위하여 반드시 살펴야 할 국가적 과제이다.

소방관의 헌신은 국민의 안전입니다.

- 119 도지사 김문수 -

청춘에게 /
젊은이에게

청춘이여!

젊은이들이여!

우리 조금만 더

대한민국의 미래를 위해

힘 냅시다

인사동 뒷골목의 한 식당에서 아내와 점심을 마치고 나오니 골목 주변이 여간 고풍스럽고 정겨운 것이 아니다.
식당에 갈 때는 길을 찾느라 미처 보지 못했는데 서울 한복판에서 '아련한 추억의 가을'을 만나다니 사진 한 장 남겨보려고 단풍진 나무와 나지막한 담장 옆에 서서 평소 안 하던 포즈도 취해본다.

근사한 찻집을 찾으려고 인사동 길을 걷는데 여기 저기 젊은 커플들이 눈에 띈다. 간혹 나를 알아보고 미소 짓는 젊은 커플들도 있는데 너무 반갑다.
함께 걷던 부부는 내가 대중 앞에서 유독 청년과 젊은이에 대한 언급이 적었다며 이 시대의 청춘들에게 또 젊은 이들에게 들려주고 싶은 이야기와 권면의 말을 해 달라는 것이다.

어! 아닐 텐데 …… 내가 그랬나?

8년 도지사 시절, 나의 가장 중점 사업 중의 하나는 일자리 창출이었다.

청춘시절

규제 감옥으로 불리던 경기도에 유수한 기업을 유치하여 더 많은 일자리를 만들기 위해 죽을 힘을 다해 노력을 하고 공정한 사회로 소외되는 청년이 없도록 심혈을 기울였는데 아직 결과가 부족하니 청년들에게는 관심이 부족한 것처럼 보였나? 섭섭하지만 도지사로서의 한계니 어쩌겠는가.

나도 반값 등록금과 무상으로 청년 수당이나 왕창 지불할 걸 그랬나?
하긴 소위 정치한다고 하면서 청년들에게 '꼰대'라는 호칭을 듣고 있으니 그들에게 큰 인기는 없나 보다.

이 시대의 젊은 청춘에게 들려주고 싶은 김문수의 이야기라니……

불현듯 인사동 뒷골목에서 만난 가을 풍경은 젊은 시절 그 시대의 깊은 가을로 나를 데려간다.

깡촌에서 태어나 나이 열 아홉, 1970년 1월 유난히도 추운 겨울에 대학입시를 치르기 위해 대구에서 기차를 타고 처음 서울에 왔다.

이렇게 시작된 나의 청춘은 검정 고무신에 검게 물들인 군복 바지를 입고 낯선 서울 생활에 주눅든 완전 촌놈이었다.

대학 시절 미팅도 두어 번 시도해 봤지만 여자 친구는 고사하고 여학생 앞에서 말 한마디 제대로 못하는 숙맥이었다. 그래도 고교 동창들과는 신촌역에서 기차를 타고 서울 인근 명소를 찾아 다니고 방학 때는 멀지 않은 곳을 여행하며 기타에 맞추어 노래도 부르고 미래를 꿈꾸던 길지 않았지만 낭만적이고 행복한 시간이 있었다.
나의 청춘은 그리 여유롭지 못했고, 격변의 시대를 통과해야만 했다.

"나라가 이렇게 어려운데 …… 출세나 하려고 대학에 왔습니까!"
이 외침에 '후진국 사회연구소'라는 동아리에 가입하면서 나의 청춘은 '나라를 걱정하는 젊은이'로 방향을 바꾸고 있었다.

대학교 2학년이던 1971년 10월 15일, 3선에 성공한 박정희 정부는 위수령을 발동하고 '후진국 사회연구소' 등 주요 동아리를 해산하면서 나를 포함한 전국의 대학생 174

명을 제적하였다. 나의 첫 제적이었다.

20살 제적생은 무엇을 하면서 어떻게 살아야 하는지 막막하고 고통스러운 시간을 지내며 노동자 의식 개혁 운동에 매진하고 있을 때인 1973년 뜻밖의 복교조치가 내려졌다. 그리고 동기들은 벌써 4학년이 되었다.
하지만 나는 이미 노동혁명가의 길을 가겠다고 결심을 굳혔기에 복교를 망설이고 있는데 어머님이 등록금을 마련하여 한 걸음에 달려 오셨다.

"문수야!"
"대학은 졸업하고 데모하면 안 되겠니?"

나는 복교했으나 1974년 '민청학련사건'에 휘말려 다시 제적당하고 19년이 지난 1993년 가을에 서울대 경영학과에 복학하여 1994년 8월, 대학에 입학한지 24년 6개월이 지난 마흔세 살에 가을학기 졸업을 하였다.
어머니께서는 아들의 졸업을 보지 못하고 '민청학련사건'으로 수배 중일 때 위암으로 돌아가셨다.

"불효다!"
"어떤 변명으로도 용서 될 수 없는 불효다."

뒤늦은 대학 졸업

나의 출세를 위해 뜻을 세우지 않고 노동개혁을 통해 모두가 다 잘 사는 사회를 꿈꾸고 민주화 투쟁으로 모두가 평등하고 자유로운 사회를 꿈꾸던 노동투사, 민주투사 김문수의 청춘이 자랑스럽기도 하지만 이 시대의 청춘에게 나와 같은 길은 권할 만 하진 못하다.

그러니 내가 어찌 청춘에게 또 젊은이들에게 낭만적으로 감성적으로 다가가서 그들의 귓가에 나지막이 무엇을 속삭이겠는가!

아프니까 청춘이지요!
힘들면 쉬어 가세요~
청년의 미래를 말하다!

얼마나 힘이 되고 위로가 되는 말인가?

나도 따뜻하게 다가가서 위로하고 격려해야 했는데 그리 말하지 못해 아쉽다.

하지만 나는 국가가 내게 부여한 책임을 다하여 청년들에게 또 젊은이들에게 오늘보다 더 나은 미래의 대한민국을 제공하려고 부단히 노력했다.

청년 시절을 불의와 투쟁해야 하는 대한민국은 물려주지 않으리라!
굳게 결심하고 정치의 길로 들어와 어느덧 20여년이 되었다.

20여년 정치하는 동안
- 약속 잘 지키는 국회의원 1등을 했다.
- 청렴도 14위 꼴찌 경기도를 청렴도 1위 자랑스런 경기도로 만들었다.
- 법치는 세우고 규제를 풀고자 죽을 힘을 다 하였다.

정치인 김문수가 청년을 사랑하는 방법은,
억울함이 없는 공정한 사회에서 청년들이 당당하게 경쟁하고, 안정된 직업을 가지고, 가정을 이루어 자녀를 낳고, 행복하게 살아가는 대한민국을 만들어 가는 것이다.
달콤하게 말하지는 못해도 진심으로 청년을 사랑한다.

그래도
청춘이 어려울 때 따뜻한 말로 위로하지 못해 송구하다.
아픈 줄 알면서도 가까이 다가가지 못해 미안하다.
힘들 때 함께 울지 못해 속상하다.
다정하게 감성적 표현으로 말해보고자 하지만 아직은 어색한 경상도 촌사람이다.

오죽 하면 "시집 갈 데 없으면 내게 시집오세요"라고 프러포즈 했다가 여러 번 퇴짜 끝에 겨우 결혼했겠는가?

여전히 인기를 위해 빈말하는 것이 어색하다.
하지만 청춘을 위해, 젊은이들을 위해 죽을 힘을 다해 공정하고 정의로운 대한민국을 만들겠다고 다짐한다.

그러나 청년들은 공자님 같은 말씀도 좋지만 구체적인 내용을 요구한다.

"청춘은 현실입니다.
정책이나 공약은 아니더라도 청년을 위한 보다 구체적인 생각을 말씀해 주십시오."

어느 나라, 어떤 시대에도 청년은 국가의 미래였다.
하지만 출산은 급격히 줄어가고 노령인구는 증가하는 시대를 이끌어야 하는 대한민국 청년의 미래는 너무도 절박하다.

청년이 청년다운 삶을 살기 위해선 무엇보다 안정되고 보람된 일터를 가져야 한다.
　- 좋은 일자리는 성공한 기업을 통해 많이 만들어 진다.

- 성공하는 기업을 만들려면 정부의 권위적 규제를 풀어야 한다.
- 권위적 규제를 파기하려면 국회가 바르게 일해야 한다.

달콤한 슬로건으로는 결코 좋은 일자리가 만들어 지지 않는다.
- 정부에서 선심성으로 늘리는 일자리로는 한계가 있다.
- 세워진 것을 부수고 해체한다고 좋은 일자리가 생기지 않는다.

또 다시 불거진 정경유착 의혹으로 재벌해체 또는 재벌체재 해체를 주장하는 사람들의 소리가 높아 간다. 정경유착을 비롯하여 대기업들의 법 위반은 반드시 근절시켜야 하고 재벌의 구조개혁은 반드시 해야 한다.

하지만 기업을 파괴해서는 안 된다.
재벌이 기업의 모든걸 지배하는 것 같지만 결국 우리의 것이다. 오히려 법 태두리 안에서 삼성, 현대, LG, SK 같이 세계 시장에서 경쟁력 있는 새로운 글로벌기업이 10개 아니 100개는 더 세워져야 한다. 강소기업과 우수한 중견기업은 수천, 수 만개 더 세워져야 한다.
정부는 기업하기 좋은 환경, 규제 없는 대한민국을 만들어 국내 기업뿐 아니라 해외 유수한 글로벌 기업들을 적극 유치해야 한다. 기업의 성공과 성장은 청년 창업과 도전에도 절대적인 영향을 미친다.

공정한 환경에서 청년 인재들이 안정된 직업을 가지고 일하고, 경쟁하면서 대한민국 미래를 열어가야 한다.

결코 불가능하거나 어려운 일이 아니다.
- 최 우선으로 정부의 권위적 규제는 다 풀어야 한다.
- 기업의 불합리적인 지배구조는 다 개혁해야 한다.
- 모두에게 공정한 경쟁과 법 적용을 보장해야 한다.
- 공권력이 회복되어야 한다.

정부와 기업 그리고 청년은 '우리 팀'입니다.
청년들이 일자리를 걱정하지 않는 당당한 대한민국을 만들어야 합니다.

청년이 행복해야 대한민국이 행복합니다.

청춘은 사랑하고, 결혼하고, 출산하는 큰 기쁨과 행복을 누릴 권리가 있습니다.

이를 방해하는 요소는 하나씩 제거해 나가야 한다.

- 교육제도는 개혁되어야 한다.
- 출산에 관한 모든 비용은 정부가 부담하고 지원하여야 한다.
- 육아와 신혼 주택 지원을 현실화해야 한다.
- 예측 가능하고 지속적인 정책이어야 한다.

누구나 노력하면……
행복한 청년으로 살 수 있는 대한민국을
만들겠습니다.

청춘이여! 젊은이들이여!
우리 조금만 더 대한민국의 미래를 위해 힘을 냅시다.

고향의 가을

원래 ~
우리의 가을은 이랬다.

청년의 애국(愛國)

온 나라가 온통 어둡고 암담하다.
어쩌자고 대한민국에 이런 일이 ~

대한민국은 일제 강점기에도, 6·25 한국전쟁 중에도, 독재시대 중에도, IMF 사태에서도 그 시대의 절망과 어둠을 밝히는 희망의 횃불이 있었던 것처럼 '박근혜-최순실 게이트'라는 경험해 보지 못한 기이한 어려움도 지혜를 모아 슬기롭게 극복할 것이다. 그리고 그런 희망의 횃불은 늘 그 시대의 청년이고, 젊은이였다.

연일 보도되는 내용은 어느 것이 진실이고, 거짓인지 구별할 수 없다.

"젊은이여!
죽더라도 거짓이 없어라,
꿈에서라도 거짓말을 했거든 깨어나서 반성하라."

이 말을 죽음으로 지킨 도산 안창호선생님의 외침이 들린다.

강남!
한강의 남쪽에 위치하여 불려진 이름이지만 한때 아니 지금도 대한민국에서 가장 부유하고 고급진 지역을 상징하

도산 안창호 묘소

는 곳이다.

그 중심에 안창호 선생과 부인 이혜련 여사의 묘소가 있는 도산공원이 있다.

지나침 없이 잘 꾸며진 공원은 봄, 여름, 가을, 겨울, 확연하게 사계절을 느낄 수 있어 참 좋다.

도산 선생님은 얼마나 좋을까?
꿈에 그리던 조국의 광복과 부유한 대한민국이 이뤄지는 걸 바라보시니……

젊은 시절 도산은 힘의 원천은 지식, 경제력, 도덕성이며 그 중에서도 정직을 바탕으로 한 인격의 힘은 모든 일의 성패를 결정하는 핵심이라고 자각했다. 또 나라가 부강해지려면 개개인이 부강해야 하고, 개개인이 힘있는 국민이 되려면 우선 나부터 힘있는 사람이 되어야 한다고 했다.

오늘 날, 우리 젊은이들에게는 누구나 필요한 지식을 습득할 수 있는 여건이 마련되어 있고 세계 10위의 경제대국으로 건국 이래 가장 강력한 경제력을 자랑하고 있다. 그런데 모든 일의 성패를 결정한다는 '정직을 바탕으로 한 인격의 힘'은 도대체 어디에 있는가? 요즈음 대한민국에서는 진실게임이 유행이다.

도산 안창호

도산 선생님은 얼마나 슬플까?
나라 사랑, 애국(愛國)이 부족한 세대를 지켜보면서……

언제부터인지 이웃과 나라는 어찌되든 나만 잘 살면 된다는 어리석음이 만연되어 있다. 그런데 인생이 그리 되던가?

우리는 권력을 이용해서 나만 잘 살겠다고 하다가 최순실 사건에 이름을 올린 어리석은 사람들의 마지막을 보고 있다.

하지만 연평해전의 용사들처럼 나라를 지키다 꽃다운 나이에 목숨을 잃은 젊은이들이 있기에 우리가 편히 잠들지 않는가?

그들의 젊음과 목숨을 지켜주지 못한 자책은 별개로 하더라도 애국(愛國)이야말로 반드시 다시 찾아야 하는 청년의 마음이다.

공장에서 청년들과

그대는 나라를 사랑하는가.
그러면 먼저 그대가
건전한 인격이 되라.

우리 중에 인물이 없는 것은
인물이 되려고 마음먹고 힘쓰는
사람이 없는 까닭이다.

인물이 없다고 한탄하는 그 사람
자신이 왜 인물 될 공부를 아니하는가.

— 안 창 호 —

도산이 유난히 그립다.

청춘이여! 젊은이들이여!
- 진실해야 합니다.
- 정직해야 합니다.
- 애국해야 합니다.
- 공부해야 합니다.
- 용감해야 합니다.
그리고 사랑하십시오.

김문수도 죽을 힘을 다하여
- 모두에게 공정한 사회를 만들겠습니다.
- 정직이 가치 있는 나라를 만들겠습니다.
- 도전이 자랑스러운 나라를 만들겠습니다.
- 일 자리 있는 나라를 만들겠습니다.
- 깨끗한 부자나라의 기초를 세우겠습니다.

청년이여 또 젊은이들이여!
우리 함께 정직하고 깨끗한 부를 누리는 청부(淸富)한 대한민국을 만들어 갑시다.

- 김 문 수 -

강한 나라,
부자 국민

청빈(淸貧)한 삶에서

청부(淸富)한 나라를

기획하다

청렴(淸廉); 성품과 행실이 높고 맑으며, 탐욕이 없음.

청렴영생 부패즉사 (淸廉永生 腐敗卽死)
청렴하면 영원히 살고, 부패하면 바로 죽을 것이다.

청빈(淸貧); 성품이 깨끗하고 재물에 대한 욕심이 없어 가난함.

靑 푸를 청　　1. 푸르다　　2. 젊다.
淸 맑을 청　　1. 깨끗하다　　2. 탐욕(貪慾)이 없다.
貧 가난할 빈　　1. 가난하다　　2. 부족하다.

젊은 시절에 무엇이 되겠다고 구체적으로 계획하지 못했고 하지도 않았다.
그저 그 시대에 꼭 필요한 일이라 여겨지는 일에 앞장서서 열심히 하다 보니 이 자리에 오게 된 것이다. 정치인으로 살아온 20여년, 정치인은 국민을 위해 봉사하고 시대를 밝히는 등불이라 스스로 정의하고 사사로운 이익을 멀리하면서 한결 같은 마음으로 살았다.

책 표지

내게도 검은 유혹이 있었지만 나는 그 유혹들에 크게 흔들리지 않았다. 나도 그렇거니와 아내 설난영은 나보다 더 정치인의 청빈이 자연스러우니 얼마나 감사하고 다행스러운지 모른다. 청렴(淸廉)한 공직자로 산다는 것은 누가 시켜서 되는 것도 아니고 억지로 흉내낸다고 되는 것도 아니더라.

문제는 대한민국에서 청렴(淸廉)을 강조하다 보면 청빈(淸貧)한 공직자가 된다는 것이다. 한마디로 욕심 없이 깨끗하나 가난한 사람이 되는 것이다.

그래도 공무원은 퇴직금도 있고, 연금도 있으니 풍요롭지는 않겠지만 최소한의 품위는 유지하며 남은 인생을 보낼 수 있겠지만 선출직 공무원은 퇴직 후에 아무런 보장이나 혜택이 없으니 선출직 공무원에 도전하고자 한다면 청빈(淸貧)을 각오해야 한다.

그럼에도 도지사 8년 동안 내내 외친 구호가 ~
청렴영생 부패즉사(淸廉永生 腐敗卽死)
청렴하면 영원히 살고, 부패하면 바로 죽을 것이다.

조선시대 선비도 아니고 정치인 출신 도지사가 청렴이니

청빈이니 운운하더니 급기야 '청렴영생 부패즉사(淸廉永生 腐敗卽死)'를 강조하며 닥달하니 주변이 얼마나 불편하고 답답했겠는가?

더구나 남보다 조금 더 편안히 잘 먹고 잘 살려고, 죽어라 공부하고, 땀 흘려 공무원이 되었는데 백 번 양보하여 청렴까지는 몰라도 청빈이라니?

시대에 뒤떨어져도 한참 뒤떨어진 진부한 이야기라서 경기도 직원들에게 인기가 있겠는가 싶은데 시간이 흐를수록 꽤 인기가 있단다. 청렴이 주는 보람과 자긍심 그리고 평안함이 행복을 주더라는 것이다.

청렴한 경기도

2006년 도지사에 취임하니 경기도는 전국 16개 광역자치단체 중 청렴도 꼴찌였다.
그러다 경기도 청렴도는 2009년부터 3년간 꾸준히 상승(16 → 10 → 6 → 1위)해 갔다.
드디어 2011년도에 청렴영생 부패즉사 "淸廉永生 腐敗卽死" 김문수 지사 청렴철학의 결실이 국민권익위원회의 청렴도 측정 결과 경기도가 전국 1위를 차지하며 최우수기관으로 선정된 것이다.

2011년도 국민권익위원회에서 실시한 공공기관 청렴도 측정에서 경기도는 종합청렴도 8.73점으로 전국 시도평균 8.46점보다 0.27점이 높은 점수를 받아 전국 1위를 차지하며 최우수기관으로 선정됐다.

그 후 경기도는 내가 퇴임 할때까지 3년 연속 청렴도 1위를 했다.

착각이었나?

청렴(淸廉)을 트레이드로 재선 도지사로 활동하던 2011년 6월 서울출판사에서 노하린 작가의 글로 "김문수 스토리 靑"이라는 책이 출판되었다.
어린 시절부터 나의 삶을 그려낸 책인데 …
책 제목을 청 靑이라 하고 작가가 '글을 마치고'라는 후기 서두에 나를 '푸르른 靑(청)을 생각나게 하는 사람'이라고 썼다.

그런데 한자가 청렴(淸廉) 할 때 쓰는 맑을 청 淸이 아니라 푸를 청 靑을 쓴 것이다. 뭐가 다른가 싶겠지만 고개를 기웃거리며 깊이 생각해 본다.

작가의 시선으로 김문수의 일생을 글로 정리하더니 '맑고 깨끗한 淸'이 아니라 '푸르고 젊은 靑'이 생각나는 사람이라는 평가다.

나이 60에 3선 국회의원을 지내고 5년째 도지사를 하고 있는 나에게 푸르름과 젊음이 생각나는 靑한 사람이라니 괜히 혼자 감사하고 기분이 좋다.

마치 젊은 청년들에게 형, 오빠 소리 듣는 것처럼 청량하다.

'탐욕(貪慾)이 없는 선비 김문수'가 아니라 '푸른 꿈을 가진 젊은 김문수'를 발견해 준 것이다.

나는 태생이 흙수저라서 그런지 소박하게 사는 게 좋다. 환경이 조금 나아졌다고 은수저, 금수저 흉내내고 싶지 않고 어색하고 불편하다. 사실 50, 60, 70년대 대한민국은 가난한 나라였는데 태생이 금수저, 은수저였던 분들이 얼마나 있겠는가? 그런다고 흙수저는 착한 사람, 은·금수저는 안 착한 사람으로 착각하는 건 더욱 아니다. 다수의 꿈이 은·금 수저로 사는 것 아닌가?

100만 촛불의 교훈

100만, 200만 점점 늘어가는 촛불집회를 지켜보며 맘이 아프다. 이성과 상식으로는 이해하기 힘든 '박근혜-최순실게이트'에 분노하다가 정치적 이해를 떠나 문득 참 안됐다는 뚱딴지 같은 생각을 해본다. 저 사람들 어떻게 그 긴 시간을 저렇게 살 수 있었을까?
거짓에 거짓을 더하고, 감추고 또 감추고, 빼앗고 더 빼앗고, 깊이 더 깊이 숨어 가면서 도대체 왜 저렇게 살았지? 하늘과 빛과 세상이 그리 만만해 보였나?

행복했을까?
영원히 드러나지 않을 줄 믿었을까?
이름을 바꾸고 또 바꾸며 깊이 숨으면 찾지 못할 줄 알았을까?

이제 그동안 빼앗고 감추고 숨긴 모든 걸 다 토해 내어야 할 것이다.
잠시 누린 시간보다 훨씬 긴 시간을 어둠과 고통에서 보내게 될 것이다.

한때는 동료 의원이었고, 18대 한나라당 대선후보 경선의 경쟁자였던 박근혜 대통령의 지난 시간이 너무도 안타깝고 마음 아프다. 하지만 대통령이란 개인을 넘어선 국가 수반이라는 막중한 직책이니 무엇보다 국익을 최우선으로 헌법의 테두리 안에서 국익과 국민의 맘을 헤아린 현명한 사태수습을 기대해 본다.

가난이라니?

우리 민족의 자랑스런 유산 중에는 '조선선비사상'이 있다. 청빈낙도(淸貧樂道). 청빈(淸貧)은 나랏일에 임하는 선비의 마음 가짐이다.

공직 20여년에 지인들이 김문수하면 연상되는 여러 모습 중에 조선선비가 으뜸이란다. 사극 드라마를 보다 보면 권력자인 왕에게 눈치도 없이 "아니 되옵니다. 절대 아니 되옵니다"라고 외치거나 "가납(嘉納)하여 주시옵소서" 하다가 귀향 떠나는 중신을 보면 김문수가 연상된다며 조선시대에 태어났으면 여러 번 귀향 갔을 거란다.

이렇듯 조선시대의 고리타분한 이미지가 있으니 젊은 대중에게 폭넓은 인기가 있겠는가? 함께 일하는 사람들은 그래도 정치인인데 허언이라도 하란다.

"모두 부자 만들어 드리겠습니다."
"모두 다 공짜입니다."

이런 정치구호를 외쳐야 합니다. 조선시대도 아니고 청렴

결백(淸廉潔白. 가난하고 깨끗하게 사는 것을 옳은 것으로 여김) 안빈낙도(安貧樂道. 가난에 구속(拘束)되지 않고 평안(平安)하게 즐기는 마음) 이런 생각이나 하고 있으니 한심하단다.

오해입니다. 오해!

대한민국은 벌써 12년(혹자는 13년째) 2만불 시대를 살고 있다.
하지만 요즈음 걱정은 2만불의 시대가 지속되거나 잘못하면 후퇴할지도 모른다는 것이다.

대한민국은 5,000년 유사이래 최고의 부자 아닌 부자로, 금수저 아닌 금수저로 십 수년을 살았는데 대다수 시민이 "가난하다"라고 말한다. 분명 예전에 누려보지 못한 편리한 선진생활을 누리고 있는데도 "행복하다"라는 분을 만나기 쉽지 않다. 또 어쩐 일인지 대한민국의 과거는 부끄럽고, 현재는 불행하고, 미래는 불안하다. 어찌된 일일까?

전쟁의 폐허를 지나 정말 숨가쁘게 죽을 힘을 다하여 절대 가난을 극복하고, 민주화를 이루며 꿈에 그리던 풍요로운 나라를 이루었는데……

지나온 시간을 돌아보면 온통 눈물 아니고 기적 아닌 것이 없는 대한민국인데……
존경하는 김동길 선생님의 말씀처럼
"이게 뭡니까?"

국회의원도 도둑놈, 공무원도 도둑놈, 종교인도 도적놈, 가진 놈도 도둑놈, 못 가진 자도 도적놈 …….
하다 하다 이제는 대통령도 그렇다고 한다.
어쩌다 온 나라가 도둑놈, 도적놈의 나라가 되었을까?

그래도 나라가 아직 이만 한 것은 그 중에 도적질 당하면서도 묵묵히 살아가는 국민이 있어서이고 정의의 촛불은 들지만 선동의 횃불에 농락 당하지 않는 현명한 국민이 있어서이다.
어쩌다 선비의 나라, 동방예의지국, 백의민족이, 그 마음에 '나만 잘 살자'는 탐욕의 사람들이 주인 행세하는 나라가 되었을까?

더 좋은 세상을 만드는 것은 새로운 제도나 방법보다 더 나은 사람입니다.

강한 나라, 부자 국민은 오랜 나의 꿈이다.

김문수가 생각하는 강한 나라란?
'정직하고, 투명하고, 공정하고, 안전한 나라'이다.

김문수가 생각하는 부자 국민은?
'가족과 함께 두발 쭉 뻗고 편히 잠들고, 매일 아침이 반가운 국민'이다.

김문수가 기획하는 대한민국은?
'탐욕 없는 깨끗한 부자(청부淸富) 국민, 푸르고 젊은 부자(청부靑富) 국민의 나라'이다.

골프 못 치는 도지사

내가 지사 시절 경기도에는 134개의 골프장이 있었다. 전국 최다 골프장이다. 초선의원 시절부터 선배들이 강권하는 것 하나가 골프를 시작하라는 것이다.
골프를 못 치면 큰 정치가 어렵다는 것인데 일리가 있다.

골프는 좋은 운동이다.
잘 가꾸어진 자연에서 동반자들과 몇 시간 동안 격의 없

소박한 행복

는 대화를 나누며 운동하고 맛있는 음식도 나눌 수 있다는 기쁨과 다른 스포츠와 달리 구속하는 심판 없이 스스로 경기 규칙을 지키며 하는 매력적인 운동이다.

그러나 골프를 즐길 시간과 경제적 여유가 부족하여 시작을 못했다. 하지만 지사 취임 후 20개의 신축 골프장을 허가해 주었더니 나보고 '골프지사'라고 한다. 내가 골프 치지 않은 것과 골퍼를 위한 골프 산업 육성은 별개의 문제다.

나는 골프보다 내게 더 잘 어울리는 운동을 찾아 즐기고 있다.

골프를 즐겨도, 골프를 하지 않아도 행복한 사람,
차명의 빌딩에 꼭꼭 숨겨 둔 부동산이 없어도 내일이 불안하지 않은 가정,
조마조마한 비자금이 없어도 사업하는데 문제 없는 나라,
권력기관이 조금도 무섭지 않은 대한민국을 기획한다.

평안한 가정!
행복한 대한민국!
강한 나라, 부자 국민, 우리나라!

김문수가 기획하는 나라를
"청부(淸富+靑富)한 대한민국"이라 부른다.

새로운 길을 찾다

땅이 끝나는 곳에서 바다가 시작되고,
바다가 끝나는 곳에서 땅이 시작됩니다.

언제 어디서건 끝이 아니라
늘 새로운 시작입니다.

-조정민-

나는 철이 들면서부터 대한민국과 국민이 마음에 가득하다.
누가 시켜서도 아니고 배워서도 아니다.
자연스럽게 내 삶이 이끄는대로 열심을 다 하여 온 몸으로 부딪치며 살았다. 살다 보니 내 삶이 그 시대 대한민국의 현장이었고 국회의원이고 도지사였다.
그러니 "내가 살아있는 한, 아니 죽어서도 마음에 가득한 대한민국과 국민을 어찌 사랑하지 않을 수 있을까?"

그런데……

내 사랑이 길을 잃고 있다.

내 사랑이 건강을 잃고 있다.

내 사랑이 연약해 지고 있다.

하지만 우리에게는
나라를 잃어도 결코 포기하지 않고 독립을 이뤄낸 역사의 선배들이 있다.

전쟁에 굴하지 않고 죽음으로 나라를 지킨 순국선열이 있다.
가난을 온 몸으로 극복하며 한강의 기적을 만들어 낸 어른들이 있다.
경제위기를 전화위복으로 승화시킨 시대의 인물들이 있다.
자유민주주의 수호를 위해 젊음을 바친 열사들이 있다.

그래서 ~
우리는 반만년 역사에서 가장 풍요롭고, 자유롭고, 강한 대한민국을 만들었다.

그런데 오늘, 대한민국이 비틀거린다.
분명 풍요로운데 평안하지 못하고 불안하다.
분명 여유로운데 평화롭지 못하고 분노한다.
분명 위험에 직면했는데 모두 태평하다.
분명 주권국가인데 주변국의 눈치를 살피느라 분주하다.
곧 파국이 다가오는데 오지 않을 것처럼 외면한다.
곧 진실이 드러나는데 영원히 묻힐 것처럼 거짓말을 한다.
정직하다는 것이 곧 피해로 인식된다.
얄팍한 술수를 지혜라고 자랑한다.

비틀거린다.
하지만 대한민국은 어떤 역경과 고난에서도 새로운 길을

찾았다.

땅이 끝나는 곳에서 바다가 시작되고,
바다가 끝나는 곳에서 땅이 시작됩니다.

언제 어디서건 끝이 아니라
늘 새로운 시작입니다.

- 조 정 민 -

나의 지나온 삶을 돌이켜 순탄하고 평탄하였다라고 말하긴 곤란하다.
평범한 삶을 지향하는 분들이 보기엔 역경이고 고난의 연속으로 평가되겠지만 공적인 삶을 지향한 나는 국민의 사랑을 많이 받은 행운아다.

대학 시절은 박정희 대통령의 3선개헌과 유신시대를 지나 전두환의 제5공화국을 통과하는 길고 험한 혼돈의 시대였다.
혼돈의 현장에서 노동운동으로 투쟁하고, 자유민주주의를 외치다 투옥되고, 매질과 고문을 당하고, 이름 없는 수감번호 1125번으로 2년6개월을 견디며 살아냈다.

험난한 시대에 나 자신만을 위해 살지 않고 조국을 위해 온 몸을 던져 투쟁한 나에게 국민은 정치인의 길을 열어 줬다.
정치인이 된 후, 경기도 부천시에서 내리 3선의 국회의원을 역임하고 대한민국 최대 광역지방자치단체인 경기도에서 재선 도지사로 8년을 재임하였다.

몰락한 양반가에서 태어나 찢어지게 가난한 학창 시절을 보낸 '흙 수저 중에 흙 수저'인 나에게 대한민국은 5번의 선출직책을 맡겨주었다.
정치인으로서 국회의원과 도정 최고책임자로 지낸 20여 년은 시대의 현장에서 온 몸을 던져 투쟁하던 열정의 투사 김문수를 국가 운영의 책임자로 성장시킨 것이다. 참으로 감사하고 귀한 시간이다.

앞을 향해 전력으로 달렸다.
구석 구석 살핀다고 좌, 우를 돌아볼 여유도 없었다.
책임을 다하기 위해 열정에 부지런함을 더하여 뛰고 또 뛰었다.

3선의 국회의원 시절에 중앙정치에 대하여 많은 것을 배우고 얻었다. 혁명보다 어렵다는 국회 개혁을 위해 온 몸으로 부딪쳤고, 입법을 위해 고민하며 현장을 누볐다. 민심을 듣기 위해 택시 운전을 하고 구석구석 현장을 찾아 확인하고 경청했다.

물불을 안 가리고 뛰어다니던 초선의원 시절 차를 타고 국회에 등원할 때마다 국회 정문에서 출입이 자주 제지당했다.
다른 의원들의 차량은 다 통과 시키면서 내 차만 유독 제지하는 거다.

"실례합니다. 어디 가십니까?" 경례하면서 묻는다.
"저~ 김문수의원인데요. 의원회관에 갑니다."

어디 한 두 번이지 매번 그러니 서로 민망하다. 알고 보니 '아반테'가 원인이다.
초선의원에 당선되어 생애 처음으로 장만한 새 차인데 스타일 구겼다.
국회의원 한 사람이 '아반테' 타고 등원한다는 소문이 날 때까지 국회정문의 제지는 지속되었다.
튀는 행동으로 오해 할 수 있겠으나 말 그대로 오해다.
단지 겉치레에 익숙하지 않고 경제적으로도 여유가 없을 뿐이었다.

이렇게 시작된 국회의원, 정말 열심히 의정활동을 했다. 하지만 일은 일이고 두각을 나타내면 낼수록 진보와 보수 사이의 미운 오리새끼로 몰아간다. 진보는 변절자라고 하고, 보수는 사상이 의심스럽다고 수군댄다. 하지만 나는 개의치 않고 국가발전을 최우선 목표로 서민들의 삶을 향상시키는 일에 전력한다.

시간이 지나고 한나라당에서 제17대 총선의 공천심사위원장과 대외인사영입위원장에 임명된다.
보수정당에서 사상이 의심스럽다며 수군대던 재선의원에게 있을 수 없는 파격적인 일이다.

국회의원 시절 내내 국회 출입기자들로부터 "일 잘하는 국회의원 1등", "약속 잘 지키는 국회의원 1등" 등 칭찬을 많이 받았다.
칭찬에 보답하고자 더욱 노력하다 보니 어느덧 진보를 가장 잘 아는 보수 중진으로 17대에 이어 18대 국회의원으로 활동하다 경기도지사가 된다.

경기도는 서울시 면적의 17배, 인구 1,250여만 명의 대한민국 최대 지방자치단체다.
경기도지사로 지낸 8년은 정치인 김문수에서 행정전문가

김문수로 변신하는 모험이자 도전이었다.

그것도 벨기에, 그리스, 포르투갈, 스웨덴 그리고 서울시보다 인구가 많은 경기도 아니던가?

도지사에 취임하면서 제일 먼저 도정을 함께하는 공무원들과의 소통을 위해 많은 시간을 할애하였다. 결국 행정이란 공무원들이 하는 업무 아닌가?

그리고 정말 미룰 수 없는 많은 일이 있지만 일자리 창출에 고민한다.

안정적인 일자리 창출에는 투자와 기업을 유치하는 것이 최고다.

만약 경기도에서 GM, MS, IBM 등 다국적기업의 본사를 유치한다면 엄청난 일로 국가발전은 물론 좋은 일자리 창출에 모두 기뻐할 것이다.

해외투자를 유치하기 위해 출장을 가면 공항에서부터 만나는 반가운 이름들이 있다. 출장 국가에 따라 등장하는 기업이 조금씩 다르긴 하지만 SAMSUNG, LG, HYUNDAI 등 익숙한 이름들은 어느 나라를 방문하건 쉽게 만나게 된다.

반갑고 뿌듯하다. 대한민국에도 자랑스러운 세계적 글로벌

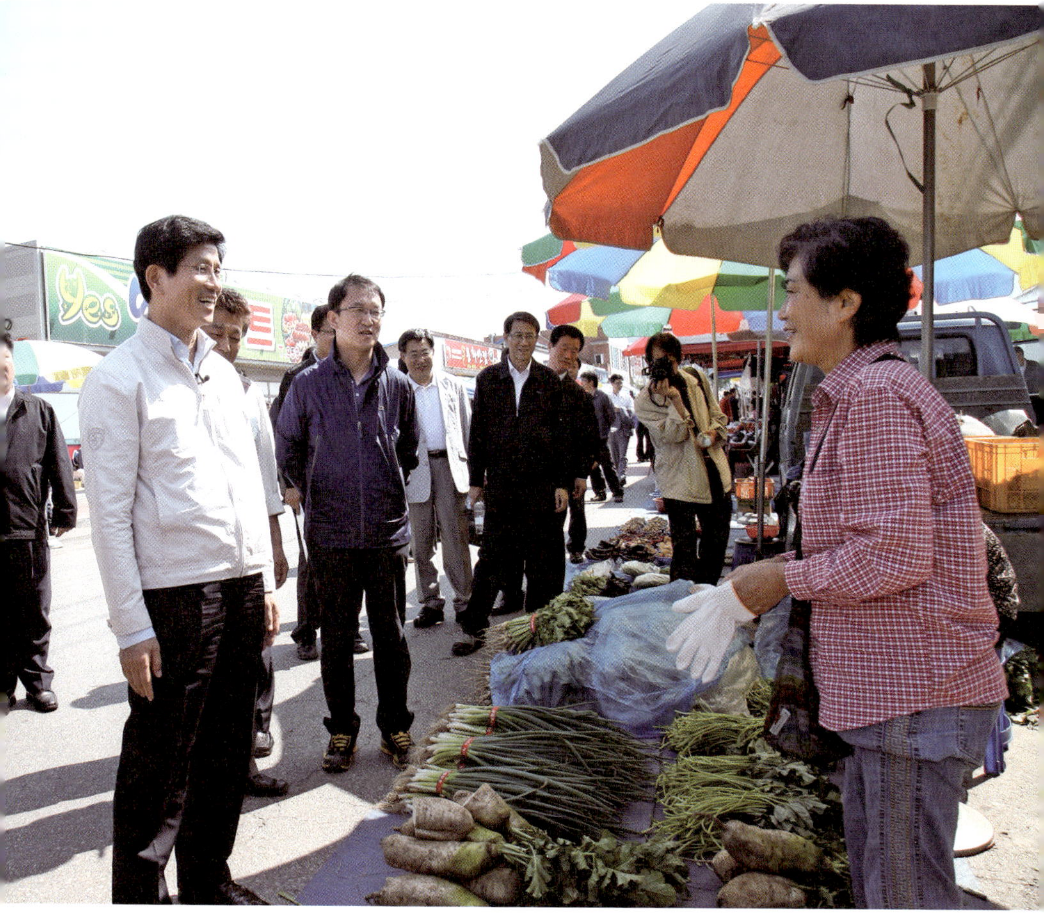

안녕하세요?

기업이 다수 있다.

투자 유치를 위해 해외에서 경기도를 설명하려면 참 어렵다. 우선 표기부터 Kyunggi 인지 Gyeonggi 인지? 또 발음도 혼란스러워한다.
영어를 비롯하여 외국어 표기에 외국인을 배려한 글로벌 표기 보다는 우리 입맛에 맞춘 듯한 외국어 표기가 의외로 많은데 이 점은 안타깝고 아쉽다.
한 마디로 외국의 경제 관련 주요인사들은 경기도를 모른다는 얘기다. 이게 현실이다.

이명박 대통령 시절, 뉴욕에서 열리는 대규모 한국 투자 설명회에 참여하였다.
투자 설명회의 하이라이트로 해외 굴지의 투자회사와 전문 바이어들을 대상으로 하는 20분의 프레젠테이션 시간이 경기도에 주어진다.

어떻게 하면 글로벌 비즈니스맨들을 상대로 주어진 20분의 시간에 경기도를 확실히 각인시키고 투자관심을 유발할 수 있을까?
담당 공무원들과 며칠밤을 새우며 고심하고 토론한다. 역사, 문화, 지리적 입지, 투자혜택, 별별 아이디어가 다 나오지만 20분에 다 설명하기란 쉽지 않고 투자설명회에 온 사람들의 중요 관심 사안이 아니다.
일단 경기도를 모르니 경기도의 역사와 문화인들 알고 싶어하겠는가?

고민 끝에 경기도 지도를 스크린에 비추고 삼성전자, 현대자동차, 기아자동차, LG 공장을 또렷하게 표시했다.
그리고 경기도에 삼성공장과 연구소가 3개, LG가 4개, 현대·기아 자동차공장이 4개 있다고 설명하고 경기도는 '삼성의 홈 타운'이라고 소개했다.
사실 수원에 있는 삼성연구소는 연구원만 16,000명으로 세계 최대규모의 단일 연구소다. 무관심하던 투자자들이 진짜냐며 급 관심을 보인다.
역시 기업이 경제현실이고 투자 현장인 것이다.

도지사 시절 도민에게 꼭 해야 할 일과 하고 싶은 일 사이에 무엇을 먼저 해야 하나 갈등하다 꼭 해야 할 일을 먼저 하기로 결심한다.
주부가 빨래하고, 밥하고, 청소하고, 집안 가꾸고 하는 일을 열심히 해도 별로 생색나지 않지만 안 하면 모두가 불편해지는 일을 찾아 열심히 했다.
그러니 살림 잘하는 주부처럼 경기도민들로부터 참 많은

사랑을 받았다.

그러면서 미래를 준비하는 사업을 하나, 둘씩 추진한다.
수도권 생활의 가장 큰 불편은 수도권을 연결하는 대중교통이다.
이를 획기적으로 개선하기 위해 수도권 광역급행철도(GTX, Great Train express)를 제안하고 추진하였다.
GTX는 서울 인근 외곽도시로부터 수도권까지 30분 이내 주파하는 획기적인 교통수단이다. 더구나 친환경적이고 수송에 따른 에너지 소비도 도로의 16분의 1에 불과하다.
하지만 오랜 시간이 소요되는 사업이다.

나는 씨를 뿌리지만 훗날 시민들이 행복으로 거두기를 바라며 미래를 준비했다. 이제 멀지 않아 서울시 삼성역 – 수서 – 성남 – 용인 – 화성시 동탄역을 30분대로 연결하는 A구간의 개통에 이어 서울시 청량리 – 부천 – 부평 – 인천 – 송도로 이어지는 B구간과 의정부시 – 강남 – 과천시 – 군포시를 연결하는 C구간이 타당성 검토를 하고 있다.

나는 부천과 수원시에서 오래 살아서 잘 안다.
곧 다가올 GTX의 개통이 수도권 시민들의 생활에 어떤 변화를 주게 될지…….

생각만 해도 행복하다.

기업친화적 정부를 지향하지만, 정경유착은 아주 나쁜 짓이다.
정치인 누구라도, 기업인 누구라도 정경유착의 죄가 있다면 죗값을 치러야 하고 반드시 근절되어야 한다.
기업은 그런 일에 연루되지 않고 정직하고 투명하게 경영하면서 양질의 일자리를 창출하고 존경받는 기업문화 정착에 노력해야 하고 정치인은 불법 거래로 자금을 만드는 악행은 반드시 중단해야 한다.

하지만 우리 국적의 대다수 기업들은 세계 속에서 대한민국의 자긍심을 높여주고 있으며 그 기업들은 하루 아침에 뚝딱하고 만들어질 수 없는 소중한 자산이자 실체라는 것도 기억해야 한다.

난 노동운동가 출신이지만 기업친화적 정부를 지향한다.
노사협력은 기본이 되어야 하고, 정부는 권위적 규제를 다 풀어야 한다.

"규제를 풀어야 나라가 풀린다" 내 소신이다.

신차 발표회

진정한
보수의 길을 가다

희망이란
내일을 향해서 바라보는 것만이
전부는 아닙니다.

내일을 위해서
오늘 씨앗을 뿌리는 것이야말로
진정한 희망입니다.

– 김수환 추기경 –

'2016년 세종포럼, 김문수 초청강연'에서 대한민국 4대 위기를 진단했다.

    1. 정치 리더십 위기.
    2. 북핵 위기.
    3. 경제 위기.
    4. 인구 위기.

이 중에서 가장 큰 위기는 '대통령 리더십의 위기'라고 지적한다.
수많은 위기가 엄습하지만 '대통령의 리더십'을 회복하면 대한민국은 어떤 위기도 극복할 수 있고, 어떤 문제라도 다 해결할 능력이 있으며 실제로 극복의 경험도 있다라고 주장한다.
그런데 말이 씨가 된다더니 〈박근혜-최순실 게이트〉가 터지고 결국은 대통령의 탄핵이 국회에서 압도적으로 가결되는 건국 후, 노무현 대통령에 이어 두 번째 비극이 터졌다. 어쩌다 이런 일이 벌어졌는지 참담하지만 반면교사(反面敎師)로 삼아야 한다. (反面敎師 부정적(否定的)인

측면(側面)에서 가르침을 얻음.)

하루 아침에 모든 언론매체가 최순실게이트 관련 보도로 넘치더니, 시민들의 촛불이 타오르고, 박근혜 대통령 하야와 탄핵에 온 국민의 관심이 집중된다.

파헤칠수록 참 어이없는 사건이다. 이게 나라인지?
어쩌다 이런 지경에 이르렀는지 자괴감이 들고 정치인의 한 사람으로 책임이 무겁다.

그런데다가 사태 수습에 앞장서야 할 새누리당이 친박, 비박으로 나뉘어 죽기 살기로 다투고 있으니 난감하다. 책임 있는 보수정당의 행태가 아니다. 결국은 집권 보수 여당이 분당되는 초유의 사태가 발생한다.

정치인에겐 개인간의 의리보다 진실이 최우선이고, 국가와 국민과의 의리가 우선되어야 하는데 부끄럽기 짝이 없다. 정치생활 20여년에 일찍이 경험해 보지 못한 강하고 급한 소용돌이 속에서 나라를 위하는 일이라면 뭐든지 해야 한다.
마음 속으로 '대한민국, 전화위복!'을 주문처럼 되새기면서 내가 할 수 있는 일을 찾아 피하지 않고 열심히 뛴다.

열심히…….
(전화위복 轉禍爲福 : 재앙과 화난이 바뀌어 오히려 복이 됨.)

그런데 대통령의 진퇴보다 더 중요한 문제가 드러난다.
새누리당은 민낯이 드러나고 보수는 무너진다.
자유민주주의의 기초가 되는 보수가 회복을 말하기 어려울 정도로 처참하게 무너진다. 물론 무너져야 한다. 당연히 무너져야 한다.
이러한 행태의 국정농단의 하나 하나가 유·무죄 여부를 떠나 어디 진정한 보수정권의 모습이던가?

새누리당에서 탈당할 거냐는 인터뷰가 부쩍 늘었다.
하지만 지금 내게는 친박이냐, 비박이냐 그리고 탈당하느냐, 잔류하느냐 보다 나를 돌아보는 성찰이 더 시급하다. 무너져 내리는 변절된 보수의 허상을 지켜보면서 새롭고 진정한 보수의 희망을 찾아본다. 눈물이 난다.

**희망이란
내일을 향해서 바라보는 것만이
전부는 아닙니다.**

> 내일을 위해서
> 오늘 씨앗을 뿌리는 것이야말로
> 진정한 희망입니다.
>
> — 김수환 추기경 —

광화문에 촛불이 모였다.

50만명, 100만명, 점점 늘어나더니 일부 언론은 사상 최대의 200만명이 모였다고 한다.
온 국민을 이렇게 화나게 하는 게 정치 말고 또 있겠는가?

촛불이 점점 늘어가지만 폭력사태는 일체 없다. 국제적으로 망신스러운 상황에서 성숙된 시민의식이 외신을 타고 전세계에 알려지자 온 세계가 놀라고 감동한다고 하지만 선동하는 세력에 대한 우려도 만만치 않다.

나는 나이 마흔이 되기 전까지 혁명을 통해 모두가 다 잘사는 세상을 만들겠다고 노동투쟁을 기획했고, 직선제개헌투쟁의 최선봉에 섰었다.
염려하는 마음으로 광화문 100만 촛불 현장을 찾았다.
일사불란하게 진두 지휘하는 얼굴 모르는 후배들이 하나, 둘 보이고 아는 게 죄라고 마음이 꿍꿍 조마조마하다.

어느 시대나 이런 사태에는 '선동의 리더'가 등장하여 국민의 분노를 증폭시키고 사회를 선과 악으로 양분하여, 서로를 증오하게 선동하며 한 시대를 파괴한다.

철저히 경계해야 한다.
그런데 불행하게도 촛불 앞에서 횃불이 되라고 선동하는 지도자들이 보인다.
문재인, 이재명, 박원순, 안철수 앞서거니 뒤서거니 하며 초헌법적인 용어를 무책임하게 뿜어대며 군중의 분노와 증오를 경쟁적으로 증폭시키며 대중을 흥분시킨다.

아~ 어쩌나?
젊은 시절 심취하며 배웠던 체제전복을 위한 위험한 전술로 보인다. (전복 顚覆 : 사회 체제가 무너지거나 정권 따위를 뒤집어엎음.)

히틀러의 최측근이자 천재 선동가로 유명한 '괴벨스 선전부장관'의 어록이다.

"분노와 증오는 대중을 열광시키는 가장 강력한 힘이다."
"나에게 한 문장만 달라. 누구든 범죄자로 만들 수

보수의 희망

있다."

우리는 '2008년 5월 광우병' 촛불집회를 선명히 기억한다.

"미친 소!",
"치사율 100%"

험악한 선동적 구호에 대중은 흥분하고, 순식간에 선동에 휘말려 이성과 진실은 어디에도 없었다. 그냥 뛰어나간 것이다.

선동 정치의 끝은 600만 유태인의 학살과 전쟁 그리고 파멸이었다.

그런데 오늘의 문제는 대중 뒤에 숨어 있는 선동가의 가면을 벗길 힘이 부족하다.
왜냐하면 건강한 보수만이 할 수 있는 일인데 건강한 보수가 힘을 잃고 있다.

보수 정치인이 처참히 무너지고 있다. 외부의 공격이 아니라 스스로 무너진 것이다.
당연한 결과다.

기득권을 누리고 지키려는 자들을 보수지도자라고 착각한 것이다.

보수 지도자란 도덕적 가치와 윤리적 전통을 중시하고 법질서 준수를 기본의 가치로 하여 국가와 민족을 섬겨야 할 것인데 초심을 잃었다.

큰 범죄야 어쩔 수 없이 드러나지만 국회 인사청문회의 단골메뉴로 나오는 위장전입, 위장취업, 탈세, 논문표절 등은 이제는 요령껏 버티면 되는 뻔뻔한 보수가 된 것이다.
그러다 바늘 도둑이 소도둑이 되고 급기야 박근혜-최순실게이트가 등장한다.
그러니 이제 와서 무슨 변명이 통하겠는가?

하지만 보수 없는 자유민주국가가 어디에 있는가?
건강하고 진정한 보수를 재건하는 일에 앞장서고자 각오한다.
도덕적 가치와 윤리적 전통을 중시하고, 법질서 준수를 기본의 가치로 하는 보수를 뛰어 넘어 정직하고, 투명하고 대중과 소통하는 보수, 노블레스 오블리주(Noblesse Oblige, 사회 고위층 인사에게 요구되는 높은 수준의 도덕적 의무.)가 당연히 지켜지는 대한민국을 위해 앞장 설 것이다.

소도둑이 되어 버린 보수.
기득권만을 향유하는 파렴치한 보수.
개인의 이익을 위해 비겁해진 보수.
죄가 죄인 줄도 모르는 뻔뻔한 보수.
정직을 잃어 버린 무능한 보수.

이건 진정한 보수가 아니다.
보수라는 탈을 쓰고 숨어 들어와 있는 부패한 세력의 배설물일 뿐이다.

진정한 보수의 재건은 이 시대 내게 주어진 정치적 소명이다.

진심으로
잘 섬기겠습니다.

이어지는 문수이야기

태극기와 촛불

"성공하면 충신(忠臣)이요
실패하면 역적(逆賊)"이라 하지 않던가?"

어찌 지내셨나요?

평창 동계올림픽의 뜨거운 열기가 식고 남북정상회담과 6.13 지방선거가 국민적 이슈로 부각되던 3월의 마지막 날 즈음, 탄핵 정국과 대선 출마 포기 이후에 자연스럽게 대면할 기회가 없던 김문수 전 지사님을 반갑게 만나 뵈었다.

소위 촛불 혁명으로 보수궤멸, 적폐청산 등 살기등등한 표현이 난무하는 시대에 국회의원 뱃지도 없이 조갑제, 정규재로 이어지는 몇 되지 않은 소신 보수논객들과 함께 문재인정부의 실정과 허구를 전파하며 페이스북 등 SNS를 통해 지속적으로 활동하고 있어 신변이 염려가 되었다.

그러나 폭풍 정국 속에서도 김문수님은 그냥 여전했다.

무슨 일이지?

오랜 만에 만나 뵈었더니 대뜸 자유한국당으로부터 서울시장 출마를 권유 받고 고민 중에 있다는 것이다.

긍정의 고민입니까? 부정의 고민입니까? 라는 질문에 긍정적으로 고민하고 있다고 답한다.

그렇다면 서울시장 출마를 결심하고 있다는 얘기인데 이렇게 심하게 좌측으로 기울어진 링 위에서 과연 공정한 대결이 될까?

촛불에서 시작된 좌파세력의 치밀하고, 거침없는 공격으로 괴멸되어가는 보수진영의 존립이 걸려있다는 6.13 지방선거의 최선봉, 서울시장후보 수락을 고민하고 있단다.
기울어진 링 위엔 오르려고 하지 않는데 어쩌자고 또 정치 고난의 선봉에 서려는지 궁금해진다.
독립투사도 아닌데 이분 참 대단하거나 바보다.

혼자 생각해 본다.
김문수가 서울시장이 된다면 어떨까?
누구보다 정직하게 시정을 잘 이끌어 나갈 것이다. 최장수 경기도지사 8년의 업적이 행정가로서의 능력을 입증하고 있고 김문수의 인생이 정직을 향한 그의 노력을 보증하고 있기 때문이다.
그러나 선거란 묘한 것이다.

만나서 물어보다.
토요일 오후, 서울역이 바라보이는 인기드라마 "미생"의 촬영지였던 대우빌딩에서 지사님을 다시 만났다. 오전에 "김문수 서울시장 후보 검토, 경남지사 후보는 김태호로 사실상 확정"이란 기사가 나오자 응원과 반대가 뒤섞인다.

그런데 보도 즉시 댓글이 붙기 시작했다고 한다. "태극기 부대 김문수", "119 도지사 김문수", "올드 보이 김문수" 그리고 차마 입에 담기 어려운 모독적 표현이 달렸다고 한다.

누군지 참 부지런도하다.

역적(逆賊) 김문수

태극기행렬로 대우빌딩으로 가는 길이 막혀 약속에 늦었다 그러다 보니 대화는 자연스럽게 태극기집회로 시작되었다.
지사님!
왜 정치적 위험을 감수하고 태극기집회에 앞장서게 되셨습니까?
하지만 답변을 듣기 전에 나는 질문을 수정해야 했다.
당시 상황이 본인의 정치 목적을 위해 태극기집회에 앞장섰다고 주장하기에는 무리가 있었다. 그래서 왜? 가 아니라 어쩌다 태극기집회에 앞장서게 되셨습니까? 라고 질문을 수정했다.
그런데 엉뚱한 생각이 스친다.
촛불시위는 대한민국 대통령 박근혜를 탄핵하고 대통령직을 파면 시켰다.

그리고 촛불시위를 주도한 세력은 제19대 대통령 선거에서 승리하여 정권을 창출하였고 파면된 전직 대통령은 문재인정권에 의해 구속되어 1심에서 징역 24년과 벌금 180억의 중형을 받았다.
피고인 박근혜의 나이를 고려하면 역사의 평가는 차치하고 사약(賜藥)에 해당하는 중죄인 것이다.

촛불로 탄생한 문재인정권은 촛불집회를 프랑스혁명보다 더 위대한 촛불혁명이라고 한다.
프랑스혁명이라 하니 왕비 마리 앙투아네트와 단두대 그리고 피로 진동한 광장이 떠오른다.

"성공하면 충신(忠臣)이요 실패하면 역적(逆賊)"이라 하지 않던가?

촛불혁명의 역적(逆賊), 김문수님의 이야기를 들어 본다.
저는 태극기집회에 처음부터 참여한 것은 아닙니다.
19대 대선을 준비하고 있을 때 촛불시위가 일어났고 뒤이어 탄핵정국이 시작되었습니다. 촛불시위 초기에 어떤 분은 내게 사람을 보내 촛불을 지지하는 첫 보수정치인이 되면 대선에 유리한 고지를 점령 할 수 있으니 원하면 촛불의 주요 연사로 세우겠다는 제안이 있었습니다만 정중히 거절하였습니다.

언론에서는 연일 촛불집회 보도가 넘쳐나고 참여하는 시민들이 급격히 늘어나면서 정치인들이 하나 둘 연단에 등장할 무렵 촛불집회현장을 둘러 보았습니다. 나는 집회 현장에서 일반시민들 사이에 시위를 기획하고 조직을 동원하여 촛불을 이용하려는 세력이 있구나 염려하였는데 이미 촛불집회는 진실여부보다 구호가 앞장서고 있었습니다.

촛불집회에 대항하여 소위 박사모(박근혜대통령을 사랑하는 사람들의 모임)라 하는 친박회원들이 서울역 광장을 중심으로 탄핵반대 태극기집회를 시작하였는데 여기서도 여러 경로를 통해 집회 참여를 요청 받았지만 집회에 참석하지 않았습니다.

박사모의 탄핵 반대에도 불구하고 촛불의 탄핵 주장은 점점 시민들의 공감을 얻어가고 격렬해지면서 국회는 재적의원 300명 중에서 299명이 투표에 참여하여 찬성 234표, 반대 56표, 기권 2표, 무효 7표로 압도적으로 탄핵 안을 가결시켰습니다. 그때 저는 낙선한 야인이었습니다.

헌법재판소가 탄핵심판을 시작하고 시민 촛불을 자유민주주의 체제전복의 횃불로 옮기려는 다양한 시도가 있었으나 시민 촛불은 기대 이상으로 성숙하여 세계가 놀라는

태극기 부대와 함께

평화 시위를 유지하였습니다.

나는 40세까지 좌파 운동권의 리더로 활동한 데모 전문가 였습니다.

지사님!
촛불집회를 횃불로 이용하려는 세력이 누구라고 생각하신 건가요?
좌파 운동권 세력으로 판단했습니다.

'좌파 운동권'이라 말하면 솔직히 저 같은 일반시민은 막연합니다.
설명을 부탁 드렸더니 볼펜을 꺼내 든다.

그는 좌파 운동권을 한마디로 자유민주주의와 자유시장경제 즉 자유주의 체제의 대한민국을 민중·민족해방민주주의와 국가주도계획경제 즉 사회주의 체제로 전복하려는 반대한민국 세력이라고 규정하면서 볼펜으로 **좌파 운동권 = 자유민주주의 체제전복세력 = 反 대한민국**이라고 쓴다.
그리고 설명하기 시작한다.
같은 시대를 살아왔지만 일반시민에겐 낯설고 외면하고 싶었던 좌파 운동권의 사상과 배경에 대하여 배워본다.

좌파 운동권은 크게 민족해방 투쟁의 NL(National Liberation, 민족해방 민중민주주의혁명 NLPDR)과 계급투쟁의 PD(민중민주주의 People's Democracy)의 양 갈래가 있었습니다. 저는 과거에 PD(민중민주주의)에서 서노련(서울노동운동연합)를 이끌던 대한민국 혁명적 노동운동의 대표격이었습니다.

임종석 대통령 비서실장은 김일성 주체사상파(주사파)로 반미투쟁, 우리민족끼리 민족해방을 통해 민중민주주의 체제를 지향하는 NL(National Liberation, NLPDR)계의 전대협 출신이고, 조국 청와대 민정수석은 계급투쟁을 통해 민중민주주의 체제를 지향하는 PD(민중민주주의 People's Democracy) 출신입니다.

나는 동독과 소련, 사회주의 국가의 몰락을 보면서 계급투쟁 혁명을 통해 노동자와 빈민이 잘 살 수 있다는 사회주의 이념이 얼마나 허구인지 처절하게 깨닫고 40세에 좌파 운동권의 리더에서 현실 정치인으로 전향하여 누구보다도 좌파 운동권의 실체를 잘 아는 정치인입니다.
앞장서서 자유민주주의 체제를 부정하고자 하는 좌파 운동권 세력의 음모를 막아야 했지만 탄핵정국에서 나는 낙선한 야인이었습니다.

이후 이어지는 운동권의 사상과 계보 그리고 인물들의 활동에 대하여 자세하고 명쾌한 설명은 당시 좌파 운동권에서 왜 김문수의 별명을 레닌(Lenin. 러시아 혁명가)이라 불렀는지 이해가 되었다. 그러나 일반시민인 나로서는 복잡한 운동권의 조직과 사상을 상세하게 이해하기는 어려웠다.

그래도 설명을 들으니 촛불집회와 대통령 탄핵 그리고 좌파 운동권 출신을 중심으로 구성된 문재인정권에 대한 정치인 김문수의 염려와 고뇌가 어느 정도 이해된다. 하지만 1970년대 이후 출생한 세대에게 사회주의의 허상과 김일성주체사상의 위험을 어떻게 설명 할 수 있을까?

답답한 마음에 직설적으로 물었다.
좌파 운동권의 사상(思想)이라고 하나요 이데올로기(Ideologie) 라고 해야 하나요?

전향(轉向)이 어렵습니까?

아마 마약을 끊기보다 더 어려울 겁니다.

일인 시위

문재인대통령은 국민 앞에서 **"대한민국의 주적(主敵)"**이 누구냐는 질문에 대답하지 못하고 대통령에 취임했습니다. 그리고 문재인정권의 주류를 이루고 있는 좌파 운동권 출신들은 전향(轉向)에 대하여 모두 침묵했습니다. 대통령은 대한민국 국군통수권자입니다.

좌파 운동권의 핵심사상과 행동강령에 대하여 듣다 보니 문재인정권의 정책에 대하여 풀리지 않던 의구심이 하나 둘 설명되었다.

- 자유민주주의 대한민국을 자유 없는 민주주의 국가로 개헌 추진.
- 자유시장경제를 국가주도형 사회주의경제로 변환 시도.
- "북핵은 남한을 겨냥하지 않는다"는 우리민족끼리를 주장하며 한미동맹폐지 주장.
- 무차별적 적폐청산.
- 두 전직대통령의 무리한 구속.

웃는 얼굴로 다가오는 **사회주의 혁명**의 허상과 실체를 김문수는 알고 있었다.
낙선한 야인 정치인 김문수는 태극기를 들었다.

그러나 김문수의 염려가 대한민국의 현실이 되어서는 안 된다.

대화가 깊어 질수록 왜 문재인정권의 특급 저격수들이 김문수를 촛불혁명과 사회주의 혁명의 역적으로 지목하고 무차별 공격을 해야 하는지 이해 할 것 같았다.

좌파 운동권이 주도하고 있는 문재인정권에서 김문수는 상대하기 어려운 정치인일 것이다.

이어지는 문수이야기
대한민국 대통령들

건국(建國) 대통령 이승만
부국(富國) 대통령 박정희
민주화(民主化) 대통령 김영삼, 김대중.

이런 훌륭한 대통령을 가진
대한민국은 위대합니다.

— 김문수 —
국립서울현충원 대통령 묘역을 참배하면서 …

박근혜 전 대통령과는 개인적인 인연이 있으신가요?

개인적으로는 전혀 관계가 없습니다.
하지만 국회의원시절에 같은 당의 동료의원으로 비대위원장과 공천위원장을 함께 했었고 18대 대통령 선거에 나설 당 후보 경선에서 박근혜 전 대통령이 1위를 하여 후보가 되셨고, 제가 2위를 했습니다만 경선 전·후에도 만나거나 통화한 기억이 없습니다. 참 독특한 분입니다

지사님은 친박도 아니고, 박근혜 전 대통령과 개인적인 인연도 없고, 정치적 이해관계도 없는데 왜 태극기집회에서 목소리 높여 박근혜를 옹호하다 그 많은 비난을 받으신 겁니까?

우선 제가 겪은 박근혜의원에 대하여 말씀 드리고 싶습니다. 2004년 제17대 총선에서 한나라당 박근혜 비대위원장과 김문수 공천위원장으로 천막당사 선거운동을 함께 이끌며 노무현대통령 탄핵 정국의 후폭풍으로 참패가 예상되었던 선거에서 121석으로 개헌저지선을 지켜냈습니다.

어느 선거나 부정한 돈의 유혹이 있기 마련인데 공천위원장인 저도 돈에 관하여 깨끗하다고 여의도에 소문이 나서 그런지 돈을 앞세워 찾아오는 사람이 없었지만 그래도 혹시나 하는 심정으로 찾아온 한 둘은 돌려 보냈던 기억이 있습니다만 당시 박근혜의원은 돈을 전혀 모르는 분 같았습니다. 돌이켜 생각하면 돈의 가치나 정치자금 자체에 대하여 너무 모르지 않았나 하는 의구심도 들지만 이유야 어떻든 돈을 탐하는 사람은 아니었습니다.

그 후, 제가 여의도를 떠나 8년 경기도 도지사를 하고 박근혜의원은 대통령이 되고 파면 될 때까지 10여년 이상을 개인적으로 만나 보지 못했습니다. 만나지 못한 세월과 대통령 재임 중에 어떤 변화가 있었는지 알 수 없지만 내가 기억하는 2004년도 박근혜비대위원장은 돈에 관하여 여의도에서 가장 깨끗한 의원이었습니다.

이런 나의 경험을 태극기집회에서 말하자 어느새 나는 친박 아닌 친박이 되어 있었습니다.
그런데 친박은 무슨 친박입니까?
나는 김문수입니다.

어쩌다 정치적 위험을 감수하고 태극기집회에 참여하고 앞장서게 되셨습니까?

헌법재판소에서 심리를 시작하고 촛불집회와 태극기집회가 연일 격렬하여 질 즈음에, 함께 활동하는 포럼 회원들 사이에서 탄핵에 반대한다는 의사를 표현하기 위해 태극기집회 참여 할 것인가에 대하여 토론이 있었습니다. 태극기집회 참석을 반대하는 분들과 태극기집회에 참석은 하되 연단에 올라가 발언은 하지 말자는 의견 그리고 적극적인 참여를 요청하는 분들로 나뉘었으나 결국 나는 태극기부대에 적극 참여자가 되었습니다.

이로 인해 나를 떠난 측근 참모가 있었고, 촛불을 지지하는 가족들의 강력한 항의로 포럼을 탈퇴하고 떠난 아픔도 있었습니다.

역대 대통령 이야기
대한민국이 배출한 열두 분의 대통령.

  이승만 초대대통령: 하야와 망명.
  윤보선대통령: 중도 사임.
  박정희대통령: 암살.
  최규하대통령: 중도 사임.

"이승만, 박정희, 김영삼, 김대중 전 대통령 묘역을 참배하다."

전두환대통령: 구속 재판. 무기징역 선고.
노태우대통령: 구속 재판. 17년 선고.
김영삼대통령: 아들 구속.
김대중대통령: 아들 구속.
노무현대통령: 자살.
이명박대통령: 구속 재판 중.
박근혜대통령: 대통령직 파면. 구속 재판 중
문재인대통령: 현직.

불행한 역사이고 불행한 국민입니다.
공적(功績)은 사라지고 실정(失政)만이 부각되는 불행한 역사가 반복되지 않기를 바랬습니다.
다수의 태극기부대도 박근혜대통령 개인을 옹호(擁護)한 것이 아니라 대한민국 대통령 탄핵의 부당함을 변론(辯論)하고자 했다고 믿습니다.

위 열두 분의 대통령을 가장 훌륭한 순서로 정해보십시오. 그러면 첫 번째로 훌륭한 대통령으로 순위를 시작하여 13, 14번째 훌륭한 대통령이 있는 대한민국이 될 것입니다.

"자유대한민국 수도 서울을 지키겠습니다."

건국 70주년 4월 12일 자유한국당 서울시장 후보 김문수

태극기부대 연단에서 마이크를 잡다.

간간히 태극기 집회에 참석하였으니 연단에 올라 마이크를 잡은 건 서경석목사가 주도하는 청계천 태극기집회에서 시작되었는데 서경석목사가 주도하는 태극기부대의 구호는 '탄핵 기각'과 '한미동맹' 그리고 '자유민주주의 체제수호'로 요약되었습니다.

연단에 오르기 전까지 태극기와 성조기를 손에 든 많은 분들과 인사를 나누었는데 그분들은 각자의 위치에서 6.25사변을 이기고, 4.19혁명, 5.16혁명, 월남파병, 5.18광주민주화운동, IMF 외환위기 등 시대의 시련을 극복하며 세계 최하위 빈민국가를 GDP 세계 11위, 국민소득 3만불의 자랑스런 자유대한민국의 초석을 세우고 지켜온 분들이었습니다.

나는 태극기를 든 그들의 눈에서 애국(愛國)을 보았습니다. 그들은 자유대한민국을 수호하려는 애국적 체제수호세력이었습니다.

박근혜대통령의 불통(不通)과 폐쇄(閉鎖)는 국민의 지탄을 받기에 충분했습니다.
거기에 최순실과 주변 인물들의 등장은 국민의 분노와 감성을 자극하는 좋은 소재가 되었습니다.

하지만 국민의 51.6%의 지지로 선출된 대한민국 대통령의 탄핵과 대통령직 파면에 이르는 과정은 지나치게 성급했습니다. 그래서 아쉬움이 더 큽니다.

그러나 **"악법도 법이다"** 소크라테스의 명언입니다.
태극기부대의 간절한 바램과는 다르게 박근혜대통령은 헌법재판소의 판결로 대통령직에서 파면되었고, 문재인 정권이 시작되면서 구속 수감되어 피고인으로 재판을 받고 있습니다.
안타까움이 크지만 대한민국 법관들의 공정함을 기대하고 후세 역사가들의 진정한 평가를 기다리게 되었습니다.

하지만 자유민주주의, 자유시장경제의 자유대한민국은 반드시 지켜내야 합니다.

이어지는 문수이야기

서울시장에 출마하다

하지만 ~
선거란 묘한 것이다

서울 시장에 출마하다.

경기도지사를 8년이나 하신 분이 서울 시장에 출마하십니다. 어떻게 되신 건가요?

이 글을 시작 할 때는 서울시장 후보를 제안 받고 고민하고 있을 때였고 시간이 지나 오늘 오전에 자유한국당 서울시장 후보로 추대되었다. 추대되기 전 날, 찾아 뵙고 왜냐고 또 물어보았다.

정치에 무지한 나로서도 개인의 이득보다 손실이 자명한 선거 같은데 결심을 굳히고 발걸음이 당당하니 이게 정치인지? 김문수의 선택인지 아리송하다.

후보님! 결심의 주된 이유가 뭡니까?
서울시장은 타 지방자치단체장과 위상이 다릅니다.
서울특별시의 수장일 뿐 아니라 국무회의 참석이 가능한 지방자치단체장이며 대통령을 제외하고 유일한 선출직으로 국무회의에서 발언권을 가지고 있습니다.
서울시장 선거는 문재인정권의 독주를 견제 할 수 있는 유일한 희망입니다.

그러나 정국은 심각하게 좌측으로 기울어 공정을 기대 할 수 없고, 보수는 치명적인 부상에서 회복하지 못하여 무기력하지만 당의 정중한 요청이 있었고 나 또한 구국의 일념으로 서울시장 출마를 결심하였습니다.

자유한국당은 위기입니다.
물론 자초한 위기지만 극복해야 하는 위기입니다.
자유한국당이 자초한 위기는 자유민주주의 대한민국의 체제를 위태롭게 하고 있습니다.

좌파 운동권이 중심이 된 문재인정권은 자유민주주의 체제 전복이라는 목적을 위해 수단과 방법을 정당화하며 국민의 눈치도 체면도 보지 않고 치밀하고, 지속적이고, 강경하게 자유민주주의를 공격하고 있습니다. **자유대한민국의 위기입니다.**

최저임금 인상, 근로시간 단축, 현금 분배, 정부 주도형 일자리 선심 등 치명적인 부작용이 속출하는 선심성 당근으로 자유시장경제 체제를 파괴하고 있습니다. **자유시장경제의 위기입니다.**

언론을 앞세워 적폐청산을 주장하며 공포정치를 하고 있습니다.
주어진 업무를 열심히 했지만 문재인 코드에 맞지 않으면 언론에 보도되고 적폐로 몰리는 공직사회는 더 이상 철밥통이 아니라 철창행이 되었습니다. **공직의 위기입니다.**
법치주의가 공격받고 있습니다.
대한민국 국민은 누구나 '불구속수사 원칙'과 '피의사실 공표금지' 그리고 유죄확정 전까지 '무죄추정 원칙'의 보호를 받습니다. 그러나 법치의 기본 조차 적용되지 않고 법치주의가 위협받고 있습니다. **법치주의의 위기입니다.**

누군가는 대항하여야 하고 국가의 균형을 잡아야 하는데 불통과 폐쇄 그리고 부패와 비겁함으로 얼룩진 자유한국당의 민낯은 지탄 받아 마땅합니다. 그러나 자유대한민국을 수호하고 자유민주주의와 자유시장경제 체제를 지켜야 하는 사명과 책임도 있습니다.

보수의 사명과 책임을 마음에 새기며 심하게 기울어진 서울시장 선거에 다윗의 마음으로 출마를 결심했습니다.

김문수의 나라사랑은 알만한 분은 다 알고 있습니다.

서울시장 출마

나라를 위한 충정도 좋지만 1000만 시민이 살고 있고, 조선왕조 500년의 역사와 대한민국 근·현대사의 흔적이 살아있는 과거와 현재 그리고 미래가 공존하는 수도 서울의 시장을 선출하는 선거입니다.

어떤 서울을 공약하십니까?
바쁘게 전화가 울린다. 아마도 선거준비를 시작하나 보다.

서울시장 출마를 권유 받고 결심을 하기까지 가능한 많은 서울시민을 만났습니다.
8년 경기도정을 이끌었기 때문에 지방행정에 관하여는 누구보다 잘 안다고 자부하지만 서울시민의 소망을 공감하고자 서울시 전·현직 공무원들과 서울시 동서남북의 다양한 지역 주민들을 만나 의견을 들었습니다.
물론 저도 오랜 기간 서울에서 살았던 서울시민입니다.
서울에서 대학을 다니고, 결혼하고, 아이를 키우고 그리고 결혼한 딸은 여전히 서울에서 살며 자녀를 키우고 있습니다.

상세한 정책은 그 동안 준비한 내용에 저의 의견을 더하여 곧 발표를 하게 될 것입니다.

그러면 상세한 정책은 추후에 발표하시더라도 기본적인 후보님의 생각을 말씀해 주십시오.

대화를 이어가며 서울시에 관한 다양한 질문을 했는데 언제 이렇게 핵심을 파악했는지 놀랐다.

김문수가 왜 정치가이자 행정가인지 최장수 8년 경기도지사의 경륜이 느껴진다.

정책보다는 주로 비전을 질문했는데 내게 인상적이었던 내용을 소개한다.

첫째로 미세먼지로부터 자유로운 서울을 만들겠다고 한다.

반가운 소리지만 어디 쉽겠나?

막연한 바램이 아니라 국회의원 시절 6년간 환경노동위원회에서 의정활동을 했고, 개인적으로 환경관리기사자격증을 취득하여 현장에서 2년간 환경기사로 근무했다고 자랑한다.

그러고 보니 들려주는 중·장기 정책 아이디어가 뜬구름 같지 않고 현실감 있게 들리는데 당장은 서울시를 물청소부터 하겠다고 한다. 비가 내리면 공기가 맑아지는 효과가 있듯이 물은 기체를 잡을 수 있다고 하면서 물로 청소하는 방법을 자세히 설명한다. 현실적이고 그럴 듯하게 들린다.

검증되지 않은 거창한 미세먼지 해결 정책이 난무하는 선거철에 집안 물청소부터 하겠다는 환경기사 김문수의 미세먼지 해결 방안을 들으니 잠시나마 상쾌한 서울의 아침을 기대하며 기분 좋아진다.

둘째로 서울시민을 안전하게 지키겠다고 한다.
나는 단순히 치안을 생각했다.
그것이 서울시민을 안전하게 지키는 것이라고 생각했는데 김문수는 치안뿐 아니라 국가안보를 걱정하며 북한의 핵과 미사일 그리고 장사정포라는 가공할 공격으로부터 서울시민의 안전을 지키겠다고 강조한다.

내심 대통령도 군인도 아닌데 무슨 안보문제를 해결하겠다고 큰소리치나 했는데 나의 예상은 크게 빗나갔다.
김문수가 도지사로 재직했던 경기도는 바다와 땅 그리고 하늘에서 북한과 군사분계선을 마주하고 있는 대한민국 서부전선으로 경기도지사 8년간 북한과 마주한 DMZ을 돌아보고 경기도에 주둔한 한·미 군부대들과 긴밀한 공조를 해야 했기에 김문수후보는 안보에 관한 전문가수준이었다.

그러고 보니 우리는 안보 불감증에 걸려있는 건 아닌지?
북한의 위협은 점점 더 강하게 조여오는데……
어느새 안보는 듣기 불편하고 생각하기 피곤한 남의 고민이 되어 가는 건 아닌지?

그는 용산주둔 미군기지가 평택으로 이전하더라도 한미연합사령부의 핵심지휘부는 서울에 잔류하여야 한다고 주장한다.

다수가 침묵하는 시간에 김문수는 깨어있었다.
이런 파수꾼이 있어 든든하다.

셋째로 수도 서울을 지키겠다고 호언한다.
좌파정권은 호시탐탐 대한민국 수도를 서울에서 타 도시로 옮기려고 한다.
이런 저런 대의를 말하지만 소위 천도(遷都 도읍(서울)을 옮기다)를 시도하는 것이다.

하지만 서울은 이미 세계 속의 서울이며 수도서울은 하루 아침에 만들어진 것이 아니다.
서울은 대한민국의 수도를 넘어 '통일 수도'이며 '세계 한민족의 수도'인 것이다.

이 수도 서울을 지키기 위해 당장 시민들과 함께 '수도 이전 개헌'을 저지해야 한다고 주장한다.

김문수의 정치력과 오랜 행정경험을 다 바쳐서 수도 서울을 지키고 세계일류도시 서울을 만들겠다고 하니 난공불락 같던 수도권 규제를 풀고 1200만 경기도를 지켜낸 그의 행보를 다시 한번 기대해 본다.

넷째로 서울은 항구도시다.
박원순시장이 막아 놓은 아라뱃길을 열어 서울의 젖줄이자 기적의 한강을 휴식이 있는 관광, 문화의 수변공간(waterfront)으로 변화시키겠다고 한다.

서울의 큰 자산, 한강과 한강변에 시민들의 새로운 접근 방법을 설명하면서 아라뱃길을 통해 바다로부터 배가 오가며 선착장에는 배들이 정박되어 있는 아름다운 항구 서울을 꿈꾸고 있었다.

전임 시장들의 계획과 차별성을 설명하는데 …
기발하긴 하다

다섯째로 관광서울, 택시문제를 해결하겠다고 한다.
서울의 대중교통 체계는 세계최고 수준이라는 것은 누구나 잘 알고 누리고 있지만 택시만큼은 과거에 비해 큰 변화가 없다.
관광서울, 문화서울을 지향하려면 반드시 택시에 대한 획기적인 정책이 필요하다는 데는 이의가 없지만 어디 쉬운 문제이던가? 역대 서울시장들이 풀지 못한 어려운 숙제다.
대뜸 자신이 택시운전기사를 오래했다고 자랑한다.
아하 그렇지!
경기도지사 시절 짬짬이 택시 운전하는 도지사로 유명했는데 벌써 잊었다.

택시운전을 체험한 첫 번째 서울시장 후보 김문수가 서울의 택시를 뉴욕, 도쿄, 런던, 홍콩 그리고 파리의 택시와 어깨를 나란히 할 수 있게 해주기를 기대해 본다.

벌써 시간이 많이 지났나 보다.
대화 나누던 찻집에서 테이블을 정리하기 시작하니 그만 일어서야 했다.

대화하는 내내 '맑고 투명한 서울시정'이 그려지고, '밝고 건강한 서울'을 기대하게 됐다.

하지만 선거란 묘한 것이다.

대중의 인기에만 영합하여 명쾌하지도 잡히지도 않는 실체 없는 허상에 싸여있는 서울시가 이번 선거를 통해 허상의 실체가 드러나고 새로운 서울로 발전 되기를 기대해 본다.

'문수이야기'를 마치며 ……

우연히 만나

국민의 한 사람으로 긴 이야기를 나누었습니다.
함께 다니며 좋은 말씀도 들었습니다.
간혹 극우파 골통 보수라고 지탄받기도 하지만
당신의 검소하고 한결 같은 모습이 참 좋았습니다.
대한민국에 당신 같은 정치인도 있어 다행입니다.

그리고

이젠 서울 시민으로 다시 만났습니다.
어려운 선거인 줄 알지만
최선을 다해 승리하시기를 바랍니다.

갈기 자른 사자

문수이야기

초판 2018년 4월 20일 발행
2쇄 2024년 9월 25일 발행

저　자 / 정홍국
발행인 / 이무형
발행처 / 태학원

신고번호 / 제 406-2014-000130호
주소 / 경기도 파주시 파주읍 성현로 34
전화 / 031-941-4136
팩스 / 031-624-4139

가격 / 13,000원

ISBN　978-89-92832-89-2